本书是湖南省社科基金项目“风险规制、法治媒介化与国家治理能力现代化研究”（17YBA295）的最终成果

A Library of Academics by PHD Supervisors
博士生导师学术文库

中国传媒法制变革路径与国家治理能力的提升

萧燕雄　著

图书在版编目（CIP）数据

中国传媒法制变革路径与国家治理能力的提升/萧燕雄著．
—北京：中国书籍出版社，2018.10
ISBN 978－7－5068－7052－8

Ⅰ.①中…　Ⅱ.①萧…　Ⅲ.①传播媒介—法律—研究—中国
Ⅳ.①D922.164

中国版本图书馆 CIP 数据核字（2018）第 241444 号

中国传媒法制变革路径与国家治理能力的提升

萧燕雄　著

责任编辑　李　新
责任印制　孙马飞　马　芝
封面设计　中联华文
出版发行　中国书籍出版社
地　　址　北京市丰台区三路居路 97 号（邮编：100073）
电　　话　（010）52257143（总编室）　（010）52257140（发行部）
电子邮箱　eo@chinabp.com.cn
经　　销　全国新华书店
印　　刷　三河市华东印刷有限公司
开　　本　710 毫米×1000 毫米　1/16
字　　数　194 千字
印　　张　14.5
版　　次　2019 年 1 月第 1 版　2019 年 1 月第 1 次印刷
书　　号　ISBN 978－7－5068－7052－8
定　　价　78.00 元

每一个开始
仅仅是续篇，
事件之书
总是从中途开起。
——摘自［波兰］辛波斯卡《一见钟情》

我们应当想事而不是想词。

——摘自［美］霍尔姆斯《法律与法院》

明者因时而变，知者随世而制。

——摘自（西汉）桓宽《盐铁论》

目　录
CONTENTS

导　论

中国传媒法制建设的研究基础

在“中国知网”上以“新闻立法”为关键词搜索，从1980年开始至2012年3月止（2012年以后的相关文献，下文另搜），笔者搜到1306条相关信息。对收集到的论文进行筛选和分类之后，得到与新闻传媒立法直接相关的论文共有441篇，其中重要会议文章13篇。从这些文献作者和对已了解到的传媒法著作的作者汇总来看，大陆传媒法制建设研究领域颇有建树的学者主要有：孙旭培、王强华、魏永征、宋小卫、展江、徐迅、黄瑚、甄树青、侯健、吴飞、陈绚、顾理平、宋克明、刘迪、王四新、李丹林、林少珺、冯军、陈欣新、张西明、陈堂发、殷莉、白净、李立景、牛静以及笔者本人等等，各个学者的主张和研究的角度各异，本书综合讨论如下。

一、对传媒立法关键问题的提取

1980、1981年，为发扬民主和发挥社会舆论的监督作用，新闻界、法律界名流张友渔、赵超构、李纯青、李子诵等先后通过新闻媒介或者在全国人大、政协会议上呼吁制定《新闻法》。1981年，为了给新闻法研究提供参照资料，中国社会科学院新闻研究所研究人员同外单位的人士一起编译出版了《各国新闻出版法选辑》；1984年，钱辛波等人又选编了《各国广播电视法选辑》。

对传媒法制的成规模的研究是在1984年初全国人大常委会决定制

定《新闻法》以后开始的。当时，人大常委会决定由全国人大教科文卫委员会和中国社会科学院新闻研究所双方抽人，在新闻研究所设立新闻法研究室，以商恺、孙旭培为正副主任（商退休后，孙为主任），开展工作。新闻法研究室于1984年5月12日宣告成立，它的任务就是从事新闻法的研究，并在适当时候承担《新闻法（草案）》的起草工作。除按人大教科文卫委员会的要求为起草《新闻法》进行调查研究工作外，新闻法研究室一成立还编辑出版不定期刊物《新闻法通讯》，从1984年8月到1988年4月，共出版20余期，收录了新闻法学开创初期的一批论作和其他成果、资料，总字数达70余万字，为《新闻法（草案)》的制订做了充分的准备工作，具有很高的文献价值。继《各国新闻出版法选辑》之后，研究室在1987年又出版了《各国新闻出版法选辑（续编)》。两本书共收录外国和香港地区的传媒法规30余件，对非成文法国家或没有专门新闻法的国家如美国、英国、日本、苏联等国的传媒法制，也有专文编译介绍。研究室成员在研究过程中还在其他出版物上发表了若干有一定影响的论文，如孙旭培的硕士学位论文《社会主义新闻自由刍议》等。

1987年新闻出版署成立，根据国务院规定，新闻法起草工作改由该署牵头，并于1988年1月成立了新闻法起草小组，组长为新闻出版署副署长王强华，共有9家单位派人参加。奉新闻出版署之命，1988年2月又在上海成立了以中共上海市委宣传部副部长龚心瀚为组长的新闻法起草小组，与新闻出版署的起草小组同时开展起草工作，所拟草案报新闻出版署汇总。

著名的三个《新闻法》文稿可视为这一时期研究的综合性成果。中国社会科学院新闻研究所新闻法研究室的《新闻法（试拟稿)》于1985年即已写出，后经修改，发表于1988年4月出版的《新闻法通讯》第20期上。新闻出版署的新闻法起草小组于1988年6月拿出初稿。上海新闻法起草小组的《新闻法（征求意见稿)》于1988年7月印就。在吸取其他两个文稿和别的意见后作了一些修改，新闻出版署在1989年初拿出了最后的《新闻法（送审稿）》。

1988年8月，首都新闻学会开会研讨新闻法，会上归纳出其四个“热点”问题：1. 新闻自由；2. 民营报纸；3. 舆论监督要不要经过批准；4. 新闻业的性质和作用。① 1989年2月，在上海新闻立法报告会上，参与起草新闻法的人士报告“起草有年，难点九条”：1. 新闻法早出台还是晚出台；2. 新闻法应立足现实还是理想的、超前的；3. 是否允许私人办报；4. 怎样保障新闻自由；5. 如何以法的形式界定新闻的功能；6. 如何开展对政要和政府部门的舆论监督；7. 新闻侵权的法律责任如何确定；8. 是否建立新闻侵权纠纷的仲裁制度；9. 新闻工作者自律和职业道德是否应在法律上有所规定。② 两次讨论中的交集是“新闻自由”和“报纸创办权”。这是传媒法制建设最棘手却早晚必须解决的问题，故本书的研究准备直面这两个问题。

二、对传媒立法主要思想的梳理

在20世纪80年代初期，人们还在对传媒立法的必要性进行争论的时候，一些学者就提出了自己的传媒立法主张。这些主张多数包含了一些可以拎出来分析的立法理念。

传媒立法思想主要体现为以下七个方面：公民基本权利（如公民言论自由权、政府信息公开与公民知情权）思想、媒体权利与义务研究、新闻法律与新闻职业道德关系学说、西方新闻传播法制思想研究、传媒立法的路径与方法探索、中国传媒法律制度中的法理研究、其他（如传媒立法必要性和立法原则的讨论也能见出“思想”）。下面以这七

① 李赤：《首都新闻界就制订新闻法中的问题开展学术讨论》，载《新闻记者》1988年第10期。

② 贾亦凡：《十位人士演说，探讨新闻立法》，载《新闻记者》1989年第4期，第12－13页。

个角度结合上文提及的主要学者和时间线索，梳理我国传媒立法思想的大概。

（一）新闻自由论述

早在1980年冬，大陆新闻学、法学耆宿张友渔在接受记者采访时即提出，新闻法应当一方面保障新闻自由，保障新闻工作者的正当权利，另一方面限制、制裁违背宪法和法律的言论。“既要保障新闻自由，又不许滥用新闻自由”成为一时普遍流行的“两点论”理论。而在一年多前，孙旭培就写了一篇文章《“终极真理”与出版自由——读〈反杜林论〉的体会》，其中提出，为了破除“文革”时期的专制主义残余，就必须尽快进行立法，同时他还提出：“一方面要坚持马克思主义作为指导思想，另一方面要规定任何出版物只要不违犯出版法规规定的几条（比如可以规定不准反对共产党的领导，不准反对社会主义道路，不准破坏民族团结，不准诲淫诲盗等等），就允许出版，并受到法律的保护。”① 这反映了早期孙旭培的基本传媒立法思想，即，出台的《新闻法》要保障新闻自由，并要有相应的限定条款，如要坚持马克思主义的指导。这种思想代表了当时大部分学者的立法理念和情境性观念。

1984年，传媒立法工作提上议事日程后，各界欢欣鼓舞，急切地盼望新闻法出台。当时学界的共同认识就是，要通过新闻法来保障新闻自由。如孙旭培提出：“社会主义新闻法是新闻自由保护法。”同题论文发表于1986年8月底的《文汇报》上。它是在作者完成于1981年的硕士论文《社会主义新闻自由刍议》的基础上修改而成的。② 该文以“社会主义新闻自由”概念区别于以往的新闻自由，即资本主义新闻自

---

① 孙旭培：《“终极真理”与出版自由——读〈反杜林论〉的体会》，载氏著《自由与法框架下的新闻改革》，华中科技大学出版社2010年版，第43页。

② 孙旭培：《新闻学新论》，当代中国出版社1994年版。

由，系统地介绍了马克思、恩格斯、列宁有关言论、出版自由的论述，论证了资本主义新闻自由的产生和发展、进步性和局限性，苏联新闻模式的缺陷，以及对社会主义新闻自由原则的构想，在肯定实质自由的基础上，还肯定了形式自由。

1988 年 4 月初，胡绩伟在会见港澳和海外华文报刊及首都新闻单位的记者时，谈了他对传媒立法和新闻自由的看法。胡绩伟不同意“制定新闻法是为了保障新闻工作者的民主权利”的说法。他认为，新闻法所要保障的不仅仅是新闻工作者的新闻自由，而是全国人民的新闻自由。新闻工作者的民主权利，如采访权、报道权、评论权、监督权和人身权等等，实质上是人民言论出版自由的具体化。保障新闻工作者的这些权利，实质上是保障全体人民的言论出版自由，使人民更充分有效地行使应有的知情权、参政权、议政权和监督权。①

孙旭培在新世纪之初说，他比较关心的传媒立法的问题，是如何规定新闻媒介的创办，以便让宪法规定的出版自由真正落实。在社会主义的报业队伍中，不但要有党的机关报、政府机关报作为核心，还应该有其他类型的报纸，特别是要有公共报纸的地位。不隶属于哪一个党政部门的公共报纸，可以在对宪法和法律负责的前提下，实施传播新闻和履行舆论监督之责。公共报纸既可以防止机关报高度集权的弊病，也可以防止商业性报纸追求黄色、暴力的流弊，它应当是我国未来报业发展的重要途径之一。②

法学学者甄树青、侯健、王四新对表达自由的研究对于新闻自由的学理探讨也深有启发，其成果常常被传媒法研究者所征引；③ 陈堂发则

---

① 唐润华、李秀萍：《胡绩伟提出新闻自由新定义》，载《新闻记者》1988 年第 5 期。

② 《孙旭培：甘为新闻改革铺路奠基》，http：//www. people. com. cn/GB/14677/22114/31734/31735/2332306. html（访问时间：2012 年 12 月 5 日）。

③ 甄树青：《论表达自由》，社会科学文献出版社 2000 年版；侯健：《表达自由的法理》，上海三联书店 2008 年版；王四新：《表达自由——原理与应用》，中国传媒大学出版社 2008 年版。

较早地研究了新闻事业的限权与赋权;① 展江在最近说，保障言论自由先要落实消极自由，要改革“因言获罪”法之路径，如严格证明程序、出台司法解释、修改刑法等②。另外，对于新闻自由的具体化，新闻界和新闻学界甚为关注。新闻自由具体化即为新闻工作者的采访、报道、评论等权利，除了80年代后期的几个《新闻法》草稿外，目前法律上尚无明文规定，所以，华中科技大学牛静博士2008年的博士论文《论新闻自由权的具体化——对“中华人民共和国新闻法草案（送审稿)”的研究与建议》就显得意义不同一般了。③

（二）传媒立法的路径和方法探索

20世纪80年代中后期，受当时急切、蹈厉的氛围影响，多数学者对于传媒立法的认识也出现了一些偏差，即认为传媒法将是解决大部分问题甚至所有问题的钥匙；而有些学者则根本不考虑出台的《新闻/传媒法》的适用性，有为立法而立法的嫌疑，如超前地提出一些传媒法条款，或者对于还不存在的问题进行法条设计。但是，一部法律的出台，在符合基本价值的前提下，必须立足于现实社会，必须解决现实社会中存在的问题，不论是超前的法律还是滞后的法律，都不会是一部解决问题的实用之法。

80年代末期政治风波之后，《新闻法》最终未能出台，传媒立法的进程基本停止。由此，引发了人们对于新闻法的一种误解：在一些关于传媒立法的文章中常常会看到“由于没有新闻法，我们还不能对某某新闻传播问题予以保障或约束”等等之类说法，仿佛没有《新闻/传媒法》，有关新闻媒介与新闻传播的一切问题都无法展开讨论。甚而至于

① 陈堂发:《授权与限权：新闻事业与法治》，新华出版社2001年版。

② 展江:《改革“因言获罪”法之路径》，载《法治论坛》第18辑。

③ 该博士论文修改稿以“媒体权利的保障与约束研究”为题已于2014年5月由华中科技大学出版社出版。

对于新闻法学本身也有人质疑，认为既然没有一部专门的《新闻/传媒法》，则新闻/传媒法学也不存在。好在经过学者多年的努力后，到了21 世纪，这些误解基本上得以消除，有学者开始思考建设传媒法制的正确路径和方法了。

有人认为，保护新闻自由，并非一定要靠传媒立法来实现。一些学者认为，在现今中国的体制下，完全意义上的保障新闻自由的法律是很难产生的。基于这样一种认识，学者们开始思考如何分步骤地对现有的法律制度的不足进行弥补，而不是一步到位地制定一部《新闻法》。

陈绚曾提出过，规范新闻活动，可以通过新闻自律来实现。目前，许多国家和地区都拥有新闻自律规范和自律性组织机构，可以受理投诉，予以制裁。然而她也认为，道德的执行是受到法制状况的影响的，如果一国有法不依、执法不严，又如何要求新闻工作者有着更高道德标准的自我约束呢?①

无独有偶，徐迅在其文章中也写到，英国的新闻界一直由英国报业投诉委员会来进行管理，以保证英国报业有效地履行监督政府、国家和社会生活的职能。其管理者甚至还得出了一个结论："自律的媒介最自由。"② 但是这个制度也并非是十分完善的，所以，她孜孜不倦地组织研究团队拿出了一个"新闻侵权司法解释建议稿"。

以上二人还分别对台湾地区和英国发生的几个具体的案例进行了分析，以观察其行业自律的有效之处和局限性。二人对行业自律都赞赏有加。但是，他们都没有对于新闻界的自律提出一个具体而可操作的管理模式和策略，虽然这种尝试可能会给中国传媒立法提供一条新的思考路径。

法学学者罗万里讨论了新闻责任原则的立法选择，认为在传媒立法

---

① 陈绚：《也谈"新闻自律"》，载《国际新闻界》1998 年第 1 期。

② 徐迅：《以自律换取自由——英国媒介自律与隐私法》，载《国际新闻界》1999 年第 5 期。

上，应当区分新闻传播的私人性社会关系和公域性社会关系，这是建构新闻社会责任具体法律制度的基础。① 他还把新闻自治作为法治的子系统来认识，自治的新闻规范与新闻法律规范的协同和选择有三条路径：升格、并存、遏制。② 其再一次碰触到了新闻自律与法治的关系问题，提醒人们关注传媒法制建设的道德路径选择。

新闻法律与新闻职业道德的关系是传媒立法中绕不过去的“好望角”。两者有联系，也有区别。如功能上的区别在于：法律的主要功能为否定“恶”，主要是禁止那些具有危害性的行为，若有发生就会予以制裁。传媒法规定，不准公开传播各种对社会有害的内容，比如淫秽色情、迷信、恐怖和暴力的内容，涉及国家秘密、商业秘密和个人隐私的内容，诽谤侮辱他人的内容等。道德的主要功能除了否定“恶”之外，还要肯定“善”。美国法学家富勒把道德区分为“愿望的道德”和“义务的道德”。他认为前者是人们对至善的追求。而“义务的道德”是对人类过有秩序的社会生活的基本要求，故人们遵守了它也不会受到赞赏；但违反了它，则会受到谴责和惩罚。“义务的道德”相当于我们通常所说的底线道德，主要是通过批评、劝阻来禁止“恶”；“愿望的道德”则是通过提倡、表扬来发扬“善”。譬如，《中国新闻工作者职业道德准则》中第三条“坚持真实性原则”就属于否定“恶”的“义务的道德”，第一条“全心全意为人民服务”则是属于发扬“善”的“愿望的道德”。法律起源于道德，法律天然地具有一种道德属性，或者说，法律之所以与道德相关联，其终极根源就在于法律原本是伦理的产物。在一个国家，其底线道德所谴责的行为一般来说也就是法律所禁止的行为，而法律所禁止的行为一般也是不为道德所认可的。如新闻报道要真实和广告传播的商品信息要真实是全世界新闻业和广告业公认的

---

① 罗万里：《论新闻责任原则的立法选择》，载《求索》2005 年第 4 期。

② 罗万里：《新闻自治的立法思考——从新闻规范的角度》，载《行政与法》2005 年第 4 期。

最基本的职业道德之一。而这两条同样也是世界各国传播法规所要维护的，如果从业者严重违背这两条准则，就可能要受到法律的制裁。如新闻报道故意歪曲事实，对他人的名誉造成损害，报道者就可能会被以诽谤罪论处。① 也就是说，“义务的道德”应该写入新闻法中，但是，“愿望的道德”是否也应该进入新闻法，还没有取得共识，甚至争议很大。

传媒立法思想还表现在其他别开生面的研究成果中。

学者宋小卫从传播受众的角度，在20多年前就提出了“受众的权益”这一概念。他首先在《受众权益论纲》一文中，列出了受众的如下权益：1. 受众享有通过传播视听阅读接受教育的权益。受教育是我国公民的一项极为重要的权利。2. 受众享有通过传播视听阅读进行文化娱乐欣赏的权益。传播媒介刊播的文艺性内容，是公民闲暇娱乐、艺术欣赏的主要文化消费资源之一。3. 受众享有通过传播视听阅读获知自己需要的、法律允许公开传播的新闻性、实用性信息的权益。4. 受众享有通过传播媒介在法律允许的范围内进行表达的权益。5. 受众享有在法律和传播业务条件允许的范围内参与传播的权益。6. 受众享有传播消费、传播服务社会保障的权益。②

上述六个方面的受众权益（有的主要应从法定自由的角度来理解），囊括了理论和实际两方面的内容。不仅有基本原则，还涉及新闻业务。笔者认为，这样的权利总结方式是20世纪90年代初学者对于传媒法中公民主体权利的有益尝试。在当时并没有现成的模式可供参照和套用的情况下，作者运用的是传播学的“受众”这一概念，将受教育权、知情权、言论自由权利等均划为媒介消费主体的权利。对于这种受众权益，正如作者在其另一篇文章中所提出的，“应采取一种‘公民权

① 萧燕雄：《中国传媒法制的变革空间——以现代化理论与模式为视域》，湖南教育出版社2006年版，第141页。

② 宋小卫、郭镇之：《受众权益论纲》，载《现代传播》1991年第4期。

利基础上的受众需要’的分析策略来弥补目前研究中的不足”[①]。他的分析根据是，首先，法定的公民权利，是社会成员谋求自身利益的法律根据。其次，法定的公民权利，存在着根本法与普通法、一般法与特别法、实体法与程序法的区别，受众权益是表现于后者中的公民权利，是落实前者规定的具体形态。这种分析策略的基本思路是：把传播资源看作公民可消费的对象，联系法定的公民权利一起进行考察，并把新闻传播的资源和服务看作公民行使个人权利的手段。根据新闻传播的资源和服务能否保障和促进受众充分、有效地享有或行使自身的公民权利和自由，来确认信息的具体内涵，评估信息的轻重缓急。当时这么提倡，似乎没有现成的模式可供参考，而现在看来，这种以受众为切入点的分析方式不啻为一个别开生面的立法模式：面向受众（而不是基于传播者）的立法模式，即，法律要考虑如何保护受众的信息接收自由。这是另一种新闻自由的具体化思考，与前述传媒法制建设路线有异曲同工之妙。

改革开放后，社会的大环境发生了变化，无论是在技术层面还是在经营理念上，传媒都发生了深刻变革。以往的媒体全部归于国有的方式正在发生变化。虽然除了国家资本，其他资本形式依旧不可以进入新闻传播领域，但是，国家对于媒介市场这一块毕竟已经放开，其他资本被允许进入了。于是，媒介经营管理法制缺失的问题就日益凸显出来。所以，魏永征认为，随着传媒融资活动的扩大，相关的制度也必须进行相应的调整。针对这个问题，他提出了几个建议：首先，传媒要真正地获得独立经济实体的法律地位；其次，对于传媒业管理的党政分工要提上日程；第三，“依法行政”的原则要得到切实贯彻；第四，传媒领域的法制建设需要加强。[②]

魏永征提出的几个建议，都是针对现今我国传媒经营的问题所在。媒体现在没有获得独立经济实体的法律地位，是因为中国实行的是

---

① 宋小卫：《受众需要与公民权利》，载《新闻研究资料》1993 年第 1 期。

② 魏永征：《传媒资本呼唤法治》，载《新闻记者》2001 年第 6 期。

"事业单位、企业化管理"的模式，新闻媒体不具备一般企业的经济上的独立地位。按道理，媒介作为具有法人资格的单位，必须独立承担法律责任，但法律上却并未明确相对应的其能独立行使的权利，这是一个悖论。悖论还表现在：1. 传媒要开展融资活动，必须要明晰产权，取得法人财产权，才能保障在媒介经营活动中的权益；由于长期以来中国的传媒资本全部是国有资产，其主办方就是政府，这一状态难以改变。2. 在资本运作的过程中，政府集媒体主办者、管理者和监督者三种角色于一身，现实要求这一体制必须应该有所改变，媒体才不至于出现混乱；但由于传媒业的特殊性，政府对其管理丝毫松懈不得，如各个环节实行严格的审批制度，而审批中的行政权力拥有很大的自由裁量权，如果不能依法行政，那么很可能会出现不公平竞争从而导致腐败滋生。这也就促使我们思考，传媒法制建设如何从市场经营的视角找到一些分析工具以突破这些悖论并以恰当途径逐步迈向理想状态。

（三）其他相关研究

21 世纪以来，随着公共突发事件的频发，如同一枚硬币之两面的两个问题得到了充分的讨论，一是政府信息公开研究，二是公众知情权研究。前者以法学界学者的成果为代表，如周汉华、王锡锌等①；后者在新闻学界的重要收获是林少珺的博士论文《知情权的法律保障》②。林著认为，知情权这一概念 1945 年才提出，如今已成为现代信息社会不可或缺的一项民主政治权利。作者通过对现有各种知情权概念的梳理和辨析，从权利的性质出发重新定义知情权的内涵与外延，将知情权分为公法领域的知情权与私法领域的知情权。在此基础上，作者分别从知

① 周汉华：《外国政府信息公开制度比较》，中国法制出版社 2003 年版；王锡锌：《政府信息公开语境中的国家秘密探讨》，载《政治与法律》2009 年第 3 期；王锡锌：《信息公开的制度实践及其外部环境》，载《南开学报》2011 年第 2 期。

② 林少珺：《知情权的法律保障》，复旦大学出版社 2010 年版。

情权概念及权利属性辨析、国外知情权的历史发展及其制度的主要特点、知情权与信息公开制度的完善、保密权与知情权的冲突与平衡、建构公益诉讼的知情权救济模式等方面论述了中外知情权的状况以及我国知情权制度的建立、发展中的问题及对策，为中国传媒法制建设提供了可资借鉴的内容。

1998 年，中外传媒法制史研究成为热点话题。宋克明曾赴美国作较长时期的考察，回国后所著《美英新闻法制与管理》一书在 1998 年由中国民主与法制出版社出版。作者根据大量原始文献，重点介绍了两国的诽谤法和隐私权法，并涉及保密法、版权法和藐视法庭罪等内容。刘迪的《现代西方新闻法制概述》也出版于这一年（中国法制出版社），其内容全面，阐述精到。新世纪前后，吴飞对西方传播法制思想的研究用功甚勤，其代表作有《平衡与妥协——西方传播法研究》（中国传媒大学出版社，2006 年）。复旦大学新闻学院黄瑚的博士学位论文《中国近代新闻法制史论》（复旦大学出版社，1998 年）紧扣言论出版自由和官方统制的对立这条主线，对近代中国传媒法制的发展轨迹作了系统的法理分析，有中国传媒法制史研究的开拓之功。

传媒立法思想的研究还表现在对我国现行的具体制度的分析上。如，魏永征对《出版管理条例》和《新闻记者证管理办法》的研究就是如此。他在研读《出版管理条例》时说，该《条例》是我国《宪法》写上“出版自由”后几十年来，法律文件第一次对这一基本权利做出了阐述。该《条例》的先进性还表现在以追惩为主预防为辅的精神上。之所以说是预防为辅，是因为我国没有实行作为预防制最主要特征的出版前的书报检查制。之所以说是追惩为主，是因为编辑责任制度受到法律保护不受非法侵犯，编辑失职只能事后追究其行政、民事或刑事责任。① 笔者认为，这么理解追惩制是不正确的，不能说有了违法事实后

① 魏永征：《新闻出版法制建设的重要进展——〈出版管理条例〉研读》，载《新闻记者》1997 年第 3 期。

法律才惩处就是追惩制，因为如此说来，所有法律都是追惩制的法律，法律是不能对未有之事进行处罚的。追惩制是一种法治精神而不是具体法律。

新闻出版总署2009年8月24日公布了（当年10月15日起施行）《新闻记者证管理办法》（下文简称“管理办法”）后，魏永征认为，这可以看作是一部微型的“新闻记者法”。它不再单纯地对记者证书的程序进行规定，还对新闻记者的资格、取得资格的途径、新闻记者的权利和义务、新闻记者的管理，以及违反管理制度的处罚等作了全面规定，所以可以视为对新闻记者的立法。该“管理办法”的逻辑是：新闻工作被认为是新闻记者的职务行为，所以，“管理办法”只能把记者权益集中于依法从事新闻采访活动方面。而且“管理办法”保护的是“合法的采访活动”，不是笼统的采访。笼统规定“不得拒绝采访”，会与我国法定的重大信息统一发布制度、新闻媒体的等级制度发生冲突，会与被采访人的言论自由和其他人身权利发生冲突。所以，“管理办法”有关保护采访活动条款的行文和提法，其实已经达到了保护的最大限度。① 但是，该“管理办法”对于新闻记者的范围，却相对之前有所缩小，没有与时俱进地思考新生问题，致使那些“新媒体记者”“公民记者”在法律上没有合法地位。

新闻侵权在20世纪90年代成为研究焦点，将几年前的立法热潮一下子冷却下来。其研究实质是对新闻活动的相对人即报道对象的权利的研究，同时又是对从事新闻活动的主体（新闻媒介、新闻工作者和其他作者）的义务的研究，而其中又涉及后者的新闻报道和新闻批评的权利。相关论著主要有魏永征著《被告席上的记者——新闻侵权论》（上海人民出版社），孙旭培（主编）《新闻侵权与诉讼》（人民日报出版社），它们于1994年先后出版。王利明和杨立新主编的《人格权与

① 魏永征：《微型“新闻记者法”出台》，载《青年记者》2010年第1期。

新闻侵权》则于 1995 年出版（中国方正出版社）。徐迅著《中国新闻纠纷的第四次浪潮》在 2004 年由中国海关出版社出版，其主编的新作《新闻（媒体）侵权研究新论》出版于 2009 年的法律出版社。这些内容是传媒立法，特别是部门法、具体法域所要解决的关键问题，它们的研究为中国传媒法制建设做了扎实的工作。但是，与前面那些方面的研究相比较，它们缺乏法制建设的宏观思考，对本书的研究启发价值不大，所以不构成下文的研究基础。

综上，给笔者以启发的国内学者的观点有：我国传媒法制建设适宜于分步骤进行，其新型路径有行业自律、受众权益保护和经营管理三条路径。后续的相关研究，应该以保护公民知情权为出发点，探索一条别具一格的渐进路径。但是，事实又是怎样的呢？

第一章

中国传媒法制建设的现状及展望

一、传媒立法的热切心态

在各种不同场合，常常有人被问起："我国什么时候颁布《新闻/传媒法》?"在各种层级的论文中，《新闻/传媒法》的订立也常常被当作解决新闻传播现实问题的主要对策之一。《新闻/传媒法》隐隐地在人们心目中成了一把万能之钥。《新闻/传媒法》是否有用和《新闻/传媒法》建设是两个紧密相连、互为影响的问题。有用才去建设，建设好了才能谈使用。这个"建设"包括了内容和路径两个层面的问题。不同的路径和内容决定了制度是否有用。即，《新闻/传媒法》订立之前须想明白什么样的法律制度才是合乎公平正义以及能被遵从的，然后采取恰当而切合实际的路径和方法去努力地使之成形。它既关涉理论，同时又是实践操作艺术。

十年前，一位新闻出版部门高官的话为我国传媒法制建设现状作了很好的注脚："《新闻法》这是一个涉及多方面利益和公共利益的一个法律的类别，……世界上多数国家也没有《新闻法》，为什么？新闻立法的难度是很大的。①""大家在认识上还很不一致"。看来官方还没有作好充分协调各方新闻关系的准备。虽然曾经有中央领导多次口头表示

① 柳斌杰：《柳斌杰谈"中国为何没有〈新闻法〉"》，人民网，2008年7月3日。

要出台该法，但那是一时兴起所言。一部一步到位的代表正义、体现进步的《新闻/传媒法》，非我不愿也，乃我不能也。但是，传媒法制并不等于一部《新闻/传媒法》，而是许多涉及新闻传播关系的法律的集束。这已经成为人们的共识。这样，传媒法制建设不光必须向前推进，而且可以向前推进。那么，如何设身处地地推进我国传媒法制发展，就成为人们心头挥之不去的、并不算过分的念想。

但是，如果将这一念想的实现作热切的简单化处理，即，认为传媒法制建设的内容和路径都应该参照西方，即直接移植西方的法理，一蹴而就地订立或修订我国新闻法律制度，那么就有可能带来弯道高速超车的危险。

针对呼唤传媒法制变革的这种“热切”的研究心态，著名美籍华裔学者林毓生先生的一个批评性表述很切合于它。他说：“不少知识分子（中国的与外国的）参加政治活动是受了‘不能产生结果的兴奋’所推动。这种‘不能产生结果的兴奋’，简单地说，是由‘浪漫的政治幻觉’与‘道德的优越感’两种因素激荡而成的。‘浪漫的政治幻觉’会把自己相信的口号变成了心中认为即将展现的实体，所以喊口号便变成实现理想的具体行为。”这种不顾客观历史之可能性的空喊与中国古代士人的“清议”无异，没有实际价值。① 笔者正是在这样的现实语境和状貌前提下开始思考我国传媒法制建设的。笔者所希冀的是，以强烈的现实感和历史感初步回答人们念兹在兹的如下棘手问题：在传媒法制长期没有取得突破、甚至没有迈开前进步伐的状况下，法制建设如何跟上时代变化、满足（至少稍稍满足）民众的变法期待、逐步迈上文明进步的征途，而又不贸然突进、震荡性危及现存秩序？即，笔者的思考要告诉人们，我国传媒法制建设第一步应该朝何处去，以及应该怎样去，而“怎样去”至为重要。

---

① 林毓生：《中国传统的创造性转化》（增订版），三联书店 2011 年版，第 421 页。

二、我国传媒法制传统

中国传媒法制实践及其研究一定要先回到历史中去，要找到法制传统，才能使新的制度有历史根基和依托，才能让它更易于接受。

香港法学学者陈弘毅说："从较广阔的视野看，清末修律运动的重要性是不容低估的，它为整个20世纪中国法制现代化的事业奠定了根基。""细想起来，中国法律最终要回到她最初开始应对现代世界挑战时采取的发展路线和方向并不应令人诧异，甚至是无可避免的。"① "香港在近代被外邦侵占，不过英国获得对香港的管辖权之后，便宣布华人仍依当地习惯治理，延用《大清律例》的部分法例，1970年代港英政府才将参照大清律例重新编写成为成文法，直到今天，部分清律及中国习惯法，在香港仍是有效的法律。"② 我们未来的法制建设不妨建基于深刻研究晚清法律之上。

通过多年的研究，笔者发现了始于清末的我国传媒法制的两大内容传统——清末的注册登记制和出现于20世纪20年代的平衡理念，以及一种法制革新的路径传统。注册登记制和平衡理念是关涉传媒法制最基本精神和最重要内涵的两个概念。前者属于出版管理制度，事关公民的人身权利，是书报刊管理制度的核心；后者属于行政法的基础理论，事关公民、经济主体和消费者的人身权和财产权，是广电管理的基本依据。有了这两个概念，我们可以避用"新闻自由"这个敏感词，但主要精神已基本包含在其中了。而中国法制变革的路径传统则因为缺乏学者的提点，向来处于晦暗不明的状态以至于被人们误认为无，职是之故，笔者在本书中特意将其作为研究重点，在正文里一步步使其明晰出来，并在最后论证它的可操作性。

---

① 陈弘毅：《法治、启蒙与现代法的精神》，中国政法大学出版社2013年版，第153、186页。

② 吴钩：《中国的自由传统》，复旦大学出版社2014年版，第232页。

（一）注册登记制

近代以来世界各国的传媒法规对报刊的出版管理一般采取两种不同的制度，即预防制和追惩制。顾名思义，预防制是事先限制，追惩制是对报纸、杂志的过失采取事后惩罚。

追惩制既不要求出版物呈报登记，也毋需求得批准，更不要接受印发前的检查，是较前者更自由、更宽松的管理制度。在此制度下，报刊可以自由、自主地出版、发行，只有当报刊有既成事实的违法“行为”时，才依据有关法规受到惩罚。

预防制具体分为四种：注册登记制——一经“挂号”就可以出版发行；保证金制——交纳一定数额的保证金后才能出版发行；批准制——出版前须经申请和批准，然后印行；事前检查制——出版发行前必须得到政府审查通过才能刊发。其中，只有前三者才是报刊创办管理制度。

笔者是国内较早正面肯定“晚清报律”的人士之一，早在20年前的一篇文章中就吁请学界客观地认知我国近代的传媒法制。笔者研究了1949年以前我国颁布实行的比较成形、系统，且在某一阶段具有代表性、发挥过较大影响的七个传媒法规后发现，七个传媒法规在创办管理制度方面以批准制为主，只有清末的《大清报律》《钦定报律》和1930年的《出版法》采用注册登记制。而《出版法》的注册登记制是短命的，第二年（1931年）10月7日旋即被《出版法施行细则》详尽地规范为批准制。所以严格说来，只有清末的两个报律存在较为宽松的注册登记制。《大清报律》之所以采用注册登记制，直接是因为受了日本1883年的《新闻纸条例》的影响。笔者能见到全文的日本于1909年公布的《新闻纸法》（稍后于《大清报律》、稍前于《钦定报律》），其中第四条就这么规定：“第一次发行10日以前，须将有关事项呈报地方官厅。”这就是关于注册登记的表述。不过，对于晚清社会而言，“西学固然带来了‘冲击’，乃至提供了宪政的镜像，但儒家本身也有构建现代治理秩序的动力蓝图与经验，晚清至民初的政治转型，既是开放的，也是内生的”[①]。中国封建社会可能没有完整而成熟的自由观念，也没有保障自由的成文制度，但是，自由的实践的确也不缺乏。从汉代士大夫、太学生的“处士横议”传统，到明末东林党、复社粗具政党的雏形，再到清末大量涌现的政治性学会，无不为当时的法制建设的社会性思考提供借鉴。所以，这个制度既有西方的背景，也有中国传统的影子，就正如优秀文化往往是内外交融、互生的结果。当然，这种交融、互生是特定历史事件和现实变动所促成的，其中的风云际会花样百出。这正是本书后面要着重加以关注的。

总之，我国近现代的传媒法规，对报刊出版管理都是采取预防制，且是从注册登记制走向批准制，注册登记制成了我们传媒法制的背影（传统）。与此同时，追惩制早已被世界上一些先进的资本主义国家所采用。所以，注册登记制既是我们需要继承的对象，又是需要超越的对象。

（二）平衡理念

国内有学者认为，行政法的基础理论是平衡论。平衡论的主要观点有：1. 平衡是指矛盾双方在力量上相抵而保持一种相对静止的状态。2. 行政权力与相对人权利的相互制约，通过制约从而实现一种动态的平衡，实现行政主体与相对人之间的公平。3. 平衡论认为行政权力直接或间接来源于公民权利，权力是权利的一种特殊形式，行政机关的权力和相对方的权利应保持总体平衡。

笔者曾以平衡理论为分析工具来观照过1949年前的我国广播法规。通过细读文本发现，平衡理念已初现于彼时的中国广播制度，如，1928

① 吴钧：《中国的自由传统》，复旦大学出版社2014年版，第46页。

年的《中华民国广播无线电台条例》允许商业电台存在，制定了保障商业活动的条款；在所有权上，外商电台在1937年后被明文禁止，而民营电台一直是被允许的，这多少体现了国民党政府的资本主义体制下的媒体运营特色。但是，“平衡”在此时毕竟还只是初露曙光，其理念的弱化表现在多个方面。虽然平衡理念弱化，但是还不至于说其缺失，这种理念总在若有若无间。所以，我们应该用远焦镜头聚焦这一抹隐现在地平线上的霞光。

笔者也深入研究了20世纪90年代颁行的有线电视管理制度的法律价值选择，研究结论是，我国的有线电视法规看重的是政治的价值（即与公益性相伴随而生的“安全”“稳定”价值）而非经济的价值、公民权利的价值，所以没有确保平等竞争，没有在政府的权力和其他方的权利之间实现平衡。这样，重新安排我国的有线电视法规中的安全（秩序）、自由、平等三种基本的法律价值，成为当务之急。我们如果仍旧沿用传统的单向管理思维和漠视有线电视经济主体利益的做法来制定法规政策，那么结果只能是让制度变得脱离现实，甚至是自我欺骗。不过，好在“入世”之后，广电规章和规范性文件等低位制度一定程度上改变了这种局面，接续了1949年前广播行政管理制度的“平衡”观念。

三、如何实现传媒法治：以国家治理能力现代化为视角

笔者与多数学者只谈传媒法治是什么，应该实行什么样的传媒法治，而不去谈如何实现传媒法治，大异其趣。因为有效的行动应该如卢梭（Jean - Jacques Rousseau）所言：“当我朝着一个目标前进时，首先必须是我想要走到那里去；其次必须是我的脚步能带动我到那里去。一个瘫痪的人想要跑，一个矫健的人不想跑，这两个人都将停止在原地

上。”[①] 李泽厚在《中国古代思想史论》的《后记》中写道，自己“不写五十年前可写的书，不写五十年后可写的书”，不屑于穷几十年之力去经营“具有长久价值的专题著作”，而注重“创造性思维”。[②] 陈平原也说过，落于人后，一味炒冷饭，固然没意思；过于超前，超拔于现实，追求“永恒”，会很寂寞，也无用处。[③]

受上述说法启发，在符合传媒法治进步理念的前提下，笔者一直关注当下中国传媒法制建设的现实可行性，希望以“内在资源”和“外在压力”相结合的路径一步步趋近中国传媒法制传统和理想。

于是，关于如何建设中国传媒法制，笔者先是剖析法制建设现实中的局狭视野，警惕法学研究中的实证方法，然后回过头去反思国人的自由观念，清理其中的思想屏障，进而主张一条曲径通幽的道路。亦即，笔者不直接讲，什么样的《新闻/传媒法》是文明进步的，然后呼吁主政者或当事人直接订立这样一部先进内容的《新闻/传媒法》就完事；笔者不去讲“要不要立法”这个形而上的“主义”，而是讲“如何立法”这个具体的“问题”。[④] 之所以要在“内在资源”和“外在压力”方面迂回突进，之所以这么“弯弯绕”，是因为：1. 避免落入前面所批评的不顾现实状况、没有学术思考、不讲研究方法、只顾直接呼吁的高头讲章的现实老路上去；2. 意图克服立法后“有法不依，有令不行”的中国法治征途中的向来困局。

“一个制度，如果不与传统调合在一起，那末便不足以保证民主的实施。在没有强力的传统支持时，制度可作极相反的用途”，“无论我们喜爱不喜爱，传统在未失去它对一般人的思想和行为的支配力以前，它是一种真实的力量，也是一种真实的基础。如果传统与制度相合，那

---

① ［法］卢梭：《社会契约论》，何兆武译，商务印书馆 2003 年版，第 71 页。

② 李泽厚：《中国古代思想史论》，人民出版社 1985 年版，第 324 页。

③ 陈平原：《作为学科的文学史：文学教育的方法、途径及境界》（增订本），北京大学出版社 2016 年版，第 407 页。

④ 近似的讨论请参见秦晖《共同的底线》，江苏文艺出版社 2013 年版，第 7 页。

末二者有利。如果传统与制度相克，那末二者有害”。① 传统如此镶嵌并作用于现实，那么我们必须寻找“传统”，并进而寻找对“传统”进行“创造性转化”的道路。

笔者的思考将按照以下步骤进行：在反思我们的传媒法制建设观念和方法的前提下，首先明确，我国传媒法制史上有无优良传统（包括内容上和路径上的传统）？如果有，那是什么传统？接着思考，我们是否可以在这些方面接续并超越传统？如何继承并超越传统？即，有何具体可行的接续并超越传统的路径和方法？明了传统是基础，超越传统是目的。它包括“过去”与“未来”两个方面的内容。

以前我们对于中国传媒法制传统基本上是漠视的。而笔者主张，历史与现实应该严密接榫。笔者主张先“回首既往”，然后“思考未来”。无论是“回首”，还是“思考”，都不离观念和制度这两个相辅相成的维度，因为观念影响法制变革。“回首既往”即历史反思部分，包括学者对传媒法制的认识和研究史（观念史）以及中国传媒法制的变迁史（制度史）两个内容。首先反思中国知识分子的自由观念，然后讨论中国图书报刊和广播电视法制发展史，试图找到其内容和路径上的优良传统。这些传统，既是我们接续的对象，也是超越的对象，但首先是接续的对象，即是我们的法制愿景之一。“思考未来”部分则只研究一个紧要问题，即思考如何从观念和制度上接续和超越传统，为未来的传媒法制建设出谋划策、寻找出路。这也是本研究中最繁难、最核心的部分。

所谓中国传媒法制的传统，就是上文所述的注册登记制和平衡理念，而如何达致这些传统，则需要提升国家治理能力，或者说，需要国家治理能力的现代化、法治化。

（一）相关研究的启示

对于中国的传媒法制建设，国内外新近的一些相关研究颇能启人

① 殷海光：《中国文化的展望》，上海三联书店2009年版，第331页。

思考。

1. 国家治理能力现代化研究

中国共产党十八届三中全会提出要推进国家全面深化改革，并进一步明确全面深化改革的总目标是完善和发展中国特色社会主义制度，推进国家治理体系和治理能力现代化。2014 年，国内形成了国家治理能力研究热潮。学者们认为，制度建设是中国国家治理能力现代化的首要前提，而制度化的核心是法治；① 法治化是国家治理现代化的必由之路；② 从法治的角度看，国家治理能力主要包括四个方面：一是治理者对社会关系和治理行为制度化的建构能力，二是娴熟掌握运用法律或者法治方法化解社会矛盾的能力，三是运用法治方式凝聚改革共识的能力，四是提升运用法律语词引领意识形态、追求法治、实现社会公平正义的能力。③ 还有人认为，舆情监测促进国家治理能力现代化；提升国家治理能力要用好新媒体。

2. 从媒介研究到媒介化研究

进入新世纪以来，以北欧和德国为代表的欧洲媒介研究学者开始陆续从“媒介研究”转向“媒介化研究”。媒介化指代的是这样一种趋势：媒介作为一种制度要素开始独立作用于社会文化变革，它与后者相互交融，并且不断深入地卷入各种领域的变化之中。④ 在“媒介化学派”看来，媒介研究应该“将研究兴趣从特殊的媒介传播案例转向媒介对于当代文化和社会的结构性转变”的影响⑤；媒介的“形式”要比其“内容”重要得多；“媒介逻辑”就是一种形式，媒介逻辑强调的

---

① 李放：《现代国家制度建设：中国国家治理能力现代化的战略选择》，载《新疆师范大学学报》（哲学社会科学版）2014 年第 8 期。

② 张文显：《法治与国家治理现代化》，载《中国法学》2014 年第 4 期。

③ 陈金钊：《缘何以法治方式提升国家治理能力》，载《新疆师范大学学报》（哲学社会科学版）2014 年第 7 期。

④ 戴宇辰：《走向媒介中心的社会本体论？——对欧洲“媒介化学派”的一个批判性考察》，载《新闻与传播研究》2016 年第 5 期。

⑤ Hjaravard, S.. The Mediatization of Culture and Society. London: Routledge, 2013, p. 2.

是媒介形式的优先性，应该开展一种“由媒介本身所引起的社会制度化变革的分析”。① Hjaravard 将媒介逻辑定义为一种制度化的“运作模式”，它要求非媒介的行动者必须依照媒介逻辑重新组织社会行动，媒介正是社会结构的逻辑所在。这就是媒介化研究的“制度化传统”。而媒介化研究的“社会建构传统”学者认为，“媒介化”是在双方互动过程中共同建构了一种新的历史情境。“媒介化”与“全球化”“个体化”“商业化”一样是一种“元进程”，成为影响和改变社会发展历史的力量：“每一种元进程都是一种秩序性规则，使得我们将文化和社会领域的改变关联起来，这同时也影响了其他相关的领域。”② 兴起于欧美国家的政治媒介化研究，主要路径是在结构层面考察政治和媒介在系统、制度、行动者乃至于文化及意义控制等方面的互动，比如：媒介在关于政治和社会信息来源方面所具的重要程度；媒介独立于政治制度的程度；是媒介逻辑还是政治逻辑主导媒介内容，政治人物是受政治逻辑主导还是受媒介逻辑主导等。③

3. “媒治”研究

2010 年 4 月，白岩松提出“媒治”这一新概念。“媒治”就是“媒体治”。这个概念一经提出，就引起了很大争议。反对者认为，“媒治”理念不合理，而且它能否得到施行还是另外一回事；“媒治”的实质是人治传统的延伸，是官治，是众人治，是多数人暴政；“媒治”可能带来危情公关、牟取特权、雪藏重大案件的负面效应。赞成者认为，

---

① Altheide, D. L. & Anow, R. P.. Media Logic. Beverly Hills: Sage, 1979, p. 7.

② Krotz, F.. Mediatization: A Concept with Which to Grasp Media and Social Change, in Knut Lundy (ed.), Mediatization: Concepts, Changes, Consequences. New York: Peter Lang, 2009, p. 25.

③ 唐士哲：《重构媒介：“中介”与“媒介化”概念爬梳》，载《新闻学研究》（台北），2014 年冬。

具有中国特色的"媒治"是转型中国法治进程中的一环①;"媒治"即"法治媒介化",源于"政治媒介化",是法治的一个有机组成部分,是法治的补充,成熟的法治离不开坚强的"媒治";"媒治"解决了法治的滞后性问题,是法治的替代品,甚至"媒治"具有长期存在的必要性;媒体介入立法的初始功能在于信息搜寻和信息整合;应当重视媒体信息和公众舆论给立法决策过程中带来的新约束与压力,要在立法议程设置环节构建制度化的公众参与渠道。② 也有学者对于"压力型立法"持平衡之论:如果媒体对立法的渗透合理适度,那么,"传播时代"的到来是提升立法绩效、推动制度良性变迁的契机;如果立法者在媒体话语面前过于被动,以至于形成信息依赖,那么,立法过程应有的冷静、慎重将被大大消解,会在相当程度上影响制度设计的科学性。③

4. 风险事件与行政法治研究

针对风险事件和行政法治的关系,戚建刚做了一系列的研究。他认为:面对社会风险,为了获得科学和民主、事实和价值的平衡,应该建立一种多中心的风险信息公开立法模式,让公众了解风险信息的真实情况;④ 根据我国行政法治的发展状况,反思地方政府治理群体性事件的经验和教训,建立一种新的群体性事件治理模式——"回应型"治理模式势在必行,这种模式以相对人有序参与为手段、以"平衡论"作为理论基础、以维护社会"韧性稳定"作为终极目标;⑤ 进入风险社会以来,预防行政被解读为最新的生存照顾状态,但我国行政法并未对

---

① John Shijian Mo(莫世建). Rule by Media: The Role of Media in the Present Development of Rule of Law in Anti - Corruption Cases in Transitional China. Asian Pacific Law Review, Vol. 21, 2012.

② 张欣:《大众媒体、公共事件和立法供给研究——以 2003 - 2013 年公共事件为例》,载《法学评论》2016 年第 5 期。

③ 吴元元:《信息能力与压力型立法》,载《中国社会科学》2010 年第 1 期。

④ 戚建刚:《中国应急法制研究》,北京大学出版社 2010 年版。

⑤ 戚建刚:《论群体性事件的行政法治理模式——从压制型到回应型的转变》,载《当代法学》2013 年第 3 期。

"预防行政"提供足够的理论支撑，传统行政法学永远不能告诉我们，什么才是好政策，什么才是理想的政治蓝图，风险社会里的行政法已从偏重法解释学转向偏重法政策学，是一种描述型、学习型和建设型的行政法①。另有学者梳理了2003－2013年的公共事件以后发现，行政法是公共事件引发立法议程改变最为频繁的领域；引发立法议程回应性变动的公共事件常发生于与公民利益密切相关的领域，事件关涉各方在价值判断、治理目标和治理方案等方面能够在较短时间内达成"合意"。②我国行政决策模式正从管理主义模式向参与式模式转型。

以上研究启发笔者将新闻媒体权利与媒体的"媒介化"/媒治功能、风险事件结合起来思考，试图证明一条传媒法制建设的新路径："因事成制"路径。

（二）本书研究的核心问题

上文言及，新世纪以后，2000－2011年，国内直接以中国传媒法制建设为研究对象的文献基本上是外围研究，即只是从重要性、必要性等方面强调《新闻/传媒法》的作用和地位，"呼唤""尽快出台"《新闻/传媒法》，以补"紧迫"之急或"缺位"之需。2012年后，传媒法制建设研究文献明显偏少，特别是热心呼吁《新闻/传媒法》出台的文章基本不见了，不多的从学理层面研究传媒立法的文献主要表现为如下旨趣：梳理和反思我国传媒立法的历史、介绍外国传媒法制建设经验、强调程序正义在传媒立法中的作用、审视传媒立法视域中的舆论监督与媒介审判等问题。

除极少数学者（如前文提到者）外，近30年的国内传媒法制建设宏观研究鲜有理论创新的成果。但是，只要我们没有被《新闻/传媒

---

① 戚建刚：《风险规制的兴起与行政法的新发展》，载《当代法学》2014年第6期。

② 张欣：《大众媒体、公共事件和立法供给研究——以2003－2013年公共事件为例》，载《法学评论》2016年第5期。

法》订立过程中的诸多困难消歇了学术探索的勇气，就应该从上述文献梳理中得到启发，以政治媒介化为前提，提出“法治媒介化”概念，结合媒介风险事件的典型案例，分步骤地思考其中的关键性因素在媒体行政管理（其中主要是“媒体权利具体化”管理）“法治化”过程中的结构性功能，在理论上提炼出我国法制建设的一条新路径，并进而探讨其实施机制。它能够很好地回应现实舆论，既攻克立法堡垒，又避免改革风险；同时，建设成功的传媒法制也能化解风险事件，消弭社会风险。正如戴雪（Albert. V. Dicey）所言：“枯燥无味的法律条文若是与变化多端的公共舆论潮流联系起来就会获得新的意义。”①

笔者希望将回应型立法、法治媒介化与媒体权利法制化三者结合起来研究，开辟一个新的研究领地；希望证成一条既照顾中国现实又着眼文明大势的、层累递进地建设我国传媒法制的新路径。

（三）传媒法制建设的四条路径

近30年的国内传媒法制建设宏观研究成果，既缺乏问题意识，又少有科学方法，而空洞的呼唤太多。这种呼唤慢慢固化为一条依赖路径：将法治等同于立法、等同于法制，热衷于订立一部以保护纯粹政治意义上的、狭义的 Liberty of the Press（即下文加引号后的“新闻自由”，详正文）为核心的新闻基本法。但是，以这种“新闻自由”为追求的新闻法的“一步到位”是不合现实要求和不合历史正途的（其典型代表就是法国大革命时期的“新闻自由”灾难史）。退一步说，即使能出台这样一部《新闻/传媒法》，那也可能是一部“坏”法。它之“坏”，一在于会制造社会的急剧震荡；二在于使立法中又多了一处可能因时机不成熟而导致的“烂尾工程”，并进而再次涵化了我们淡然面对只注修辞、不求实效的法律的坏习惯。

---

① ［英］戴雪：《公共舆论的力量：19世纪英国的法律与公共舆论》，戴鹏飞译，上海人民出版社2014年版，第27页。

一步到位建设不成，我们就不得不转身面对我们的传媒法制的“过去式”以汲取营养，使新闻自由具体化并得以实现。在我国传媒法制发展过程中，注册登记制和平衡理念已经成为我们的优良传统之组成部分。对于这些传统，要继承，但更要发展。建设中国的传媒法制，我们应该超越历史的局限和视野，有更高的追求。比如说，在报刊出版管理制度方面，我们未来的《新闻/传媒法》应该采用的是追惩制，而不是预防制里面的最开明者：注册登记制。所以，我们又必须超越传统。对接续传统的理解相对简单，在本书中它就是指继承良法，顶多再加上恰切的继承路径。超越传统则要复杂得多，既包括在法制文本上要对传统法制有所提高，更指在“良法”的基础上要有“善治”，要克服晚清报律形式上的近代法制色彩而实践中的“人治”行为；① 要避免法律只可看不可用的困境，要实行和谐法治，要将立法与法治问题一揽子解决；要将内容传统和路径传统合并发扬，并随形势发展，找到新的路径，多管齐下，以弘扬法律的正义与公平。

但是，在现实生活中，即使不是法律移植，而是接续和超越传统以实行法治，设计好这两个传统维度的制度，现实的羁绊也很多，也殊为不易。传媒法制建设要想将这些传统的香火接续上来，我们也不得不寻找法外资源，让历史路径发挥现实功效，一步一步地趋近之。用林毓生先生的话说，就是要将传统进行“创造性转化”。

宋小卫认为，新闻传播法有着其自身的邻接性文本，这些文体包括立法面向的邻接、适法面向的邻接和法外规范面向的邻接。立法面向的邻接有亲历者的记录、立法草案说明、法案的征求意见稿以及其他相关的文献。适法面向的邻接就是涉讼的司法裁判。法外规范面向的邻接则

① 方汉奇主编：《中国新闻传播史》，中国人民大学出版社 2002 年版，第 126 – 127 页。

指有关政策和职业道德准则。① 在新闻传播法制建设的邻接性文本的讨论中，笔者将新闻底线道德和新闻诉讼的判决书看作我国新闻传播法制建设的两个有待开垦的领地，而忽视了立法文献和法外政策这两种邻接性文本，因为：1. 最近20多年来，现实中的传媒立法面向的邻接性文本基本付之阙如，而对80年代中期以前的文本，已有牛静博士的博士论文《论新闻自由权的具体化——对“中华人民共和国新闻法草案（送审稿）”的研究与建议》可做参考；2. 有关新闻传播政策作为传媒法制的邻接性文本在此以前已被笔者纳入到其他内容中有所讨论，如，笔者曾经提及，从逻辑上讲，规范性文件等政策文本就是法官造法时的“隐含法律”。

有学者基于媒体话语的压力和立法者解读媒体信息的能力的不足，总结出一种压力型立法现象，并认为这种立法不客观、不冷静，将引发一系列既不公平、也无效率的再分配效应。② 这是就媒体信息对法律的影响而言。循此思路，那么，媒体自身的变化对传媒法制有没有影响呢？媒体之外的现实变动呢？笔者揣想，它们都可能在特定情境下诱致传媒法制发生变化。

受以上学者研究的启发，笔者最终设计了我国传媒法制建设的四条路径。首先，从两个新闻法律的邻接性文本——新闻道德和传媒司法——找到中国传媒法制建设的参考性和启发性出口；接着，在中国传媒法制建设无本质突破的现实中发现一个前进的方向，即压力型立法思路：一是传播科技压迫传媒法制变革，二是具有“痛感”和“快感”之事逼迫传媒法制发展。之所以可以这么“探路”，是因为，首先，中国传统文化向来对于道德有很高的要求，新闻道德规范就是传媒法制实现超越的伦理基础。其次，中国的法制革新是慎之又慎的，但司法实践

① 宋小卫：《在法条之间徘徊——传播法识读随笔》，载《国际新闻界》2010年第10期。

② 吴元元：《信息能力与压力型立法》，载《中国社会科学》2010年第1期。

常常有超常之举，新闻诉讼中的资源是传媒法制建设与西方接轨的一个较好途径。再次，科技决定媒介，媒介型构新闻实践，科技也就影响到新闻传播管理的方方面面，包括影响了传媒法制的变革。复次，对于超常或重大的事实变动，新闻媒介必须有及时、到位的应对，如果是板滞的制度制约了这种应对举措，该制度必定被倒逼性地撬动和改变，特别是对于传媒法制中的敏感问题，这种倒逼机制更为管用（如正文言及，北京奥运会改变了外国记者在华的采访管理制度）。关于前三条路径，笔者已在近十多年前出版的论著中有所研究，① 因为没有多少新的发现，本书不再重复，本书只重点探讨第四条路径："因事成制"路径。

（四）传媒法制建设的"因事成制"路径

2013 年 4 月 6 日，习近平在博鳌亚洲论坛开幕式上的演讲中谈到：世间万物，变动不居，"明者因时而变，知者随事而制"，要摒弃不合时宜的旧观念，冲破制约发展的旧框框，让各种发展活力充分迸发出来；"明者因时而变，知者随事而制"，是一种求真务实的态度，是一种破冰前行的勇气，更是一种创新发展的智慧。②

我们如何成为一位"明者"和"智者"？"因事成制"之举就是表现之一。

风险事件和"媒介化"视野下的"因事成制"路径的大致意思是：围绕焦点风险事件，可以收获"法治媒介"和"规制风险"两大效用，而以此事件为起点，在收获这两大功效之时，传媒法制建设得以分步骤地进行，并取得成效。首先，反思中国历史上的自由观念后发现，如何对待新闻自由是我国传媒法制建设的困难所在，建设传媒法制，我们必

---

① 萧燕雄：《中国传媒法制的变革空间——以现代化理论与模式为视域》，湖南教育出版社 2006 年版。

② 《"明者因时而变，知者随事而制"》，http://www.wenming.cn/djw/gcsy/yjjd/201305/t20130524_1248268.shtml（访问时间：2017 年 12 月 4 日）。

须依托事件变动，从突破自由的传统观念做起。其次，在现实层面上，我们发现，有关权利制度的订立必须有关键事件的推动，只有在遭遇疑难案件的情况下，外国法、国际法才有可能被主动地吸收到本土化的法律体系中来。

因为新闻媒介以报道新近发生的事件为要务，所以，“法治媒介化”就是“通过（报道）事件的治理”，“媒治”就是“事治”。因为风险常由具体的风险性事件所引发，所以，“风险规制”多是“针对（风险）事件的治理”（“治事”）。其中，“焦点事件”是两者共有的中项。前者关涉“如何”治理（手段），即要以“事件”为依凭；后者关涉“为何”治理（目的），即为了避免风险事件的蔓延和再发生。而要实现“事治”与“治事”的有机结合，订立制度从而长久性地规制风险，是不二选择。这样，两者合并即是“因事成制”。其中，“事件”成为制度建设的资源。该事件不是一般的“自然”事件，而是媒体“型构”风险“弥散”的事件。

传媒法治（首先是法制建设）也可以在媒介化的舆论中求得，而风险事件中的舆论更是法治的重要诱因。围绕中国传媒法制建设这一核心话题，我们明白，风险也是获益的机会，伴随风险的收益可能就包括“自由”等多种价值；风险规制过程不可能是一个纯粹的技术过程，而更可能是一个不可避免地会涉及利益权衡和价值判断的政治过程。① 在媒体报道热点事件、面对社会风险时，就可能收获良好的行政治理制度，其中就包括新闻传媒制度（“因事成制”）。“因事成制”路径在历史上的表现和在理论上的必要性和可能性已经证明它是一种值得推崇的法制革新方法。接下来的只是需要笔者花更大的精力来讨论“因事成制”路径如何运行，如何最大化地趋利除弊。

“因事成制”的证成相对容易，而其运行的研究要困难得多。新闻

① 刘刚编译：《风险规制：德国的理论与实践》，法律出版社 2012 年版，第 262－270 页。

传媒“因事成制”路径的运行分析要充分顾及五个主要方面：传媒如何因“事”、成“制”如何成“治”、如何防止“媒治”的负面效应、如何提升特定风险应对策略的普适性价值，其中，对作为法制建设资源的“事件”以及从“因事成制”到“因事成治”的保障机制的分析更是难点中的难点。“因事成制”的运行机制中所要解决的问题繁多而纠结。除了这五个方面的内容需要研究外，其余研究问题撮其要者还有：媒体如何抓住焦点事件中信息公开这个题中之意进行记忆建构和事实铺陈；风险事件对于不同性质的媒体权利的影响力各有何种不同；“借事”“造事”的过程就是接受以风险为必要条件或必要代价的过程，其中我们想要获得的最重要的价值是什么；风险事件充满不确定性，我们如何以“已知”知识、观念或价值来处理“未知”“无知”事件；为规制风险，现有传媒法制中的某些条款应该修订或废除，我们如何通过“因事成制”的路径进行改革；传媒法制建设的“因事成制”路径怎样更好地为“公民参与行政”提供特定的观照模版。

研究“因事成制”路径的运行，我们应该使用“回到历史现场”的“叙事探究”研究方法来展开。“回到历史现场”被学术界视为上佳研究状态，被学术界视为淡化科研活动的主观色彩的上佳学术路径。笔者在研究我国近现代传媒法制理念及其实现路径时，就曾回到了历史现场，准确认知和把握了研究对象的生成性而非现成性、过程性而非目的性、关联性而非因果性，这样就从客观现实而非某一价值判断或理念出发考察、认知和阐释研究对象，在现象学层面历史地、具体地描述和呈现了法制生产过程。“叙事探究”作为一种新颖的社会科学的思维方式和研究方法，首先被应用于教育经验研究，后来被逐渐推广运用于其他学科。笔者在研究媒体焦点事件时，通过媒体的叙事走进故事、撰写现场文本，从而思考生活，分析引发法制变革的关键因素和话语。笔者希望以法社会学方法对待风险事件，即，将研究的对象作为一个事件性过程来描述和理解，并对其作“结构－制度分析”。

公共风险事件助推法治媒介化是中国行政法制变革的重要路径之一，也是中国传媒法制建设的重要路径之一，其主要表现在引发舆论从而带动传媒法制变革之上。有人通过对十多年来媒体报道的公共事件分析后发现，“媒体热议、立法积极跟进”的“压力型立法”正成为一个热潮，其中，行政法是反应最为频繁的领域，行政立法主体对于事件的回应也最为直接、积极。①

我们要关注每一风险事件的媒体叙事，更要将众多的相关叙事搜集起来，研究其中的“元叙事”，即引发公众舆论的媒体报道的叙事特性与规律，以及该事件的较长运行过程的媒体的即兴处理或刻意行为。

风险社会无疑给法的确定性带来了冲击。法的确定性是相对的，风险是绝对的。风险社会里法的不确定性的功能性诱因在于，法律的滞后性。法律的滞后性造成法律在重大的危机事件中的无能为力。在法治社会里，应对如此重大风险却又必须依靠法律。此时，如果还将法律视作一个封闭的系统、自足的体系，我们要么变得手足无措，要么依赖于行政决断，而这又是与法治精神相违背的。所以，法律需要建立弹性化机制，即，随着经济基础和社会情势的发展变化，法律为了保持其现实性和生命力，也需要适时进行调整和修改。

为了保证法律的适应性，就需要保证相关话语的活跃性。因为，“实践中的法律主要表现为话语，主要通过立论和相应的议论来达成合意或共识的沟通活动，来呈现出一定的过程和结构并具有制度的前提条件”②。媒体上围绕风险事件的“议论”话语的组织就是激活法律话语的重要表征之一。阿列克西（Robert Alexy）提出，当代法哲学的研究范式有“观察者视角与参与者视角”之分③，前者与公众议论相关，后

① 张欣：《大众媒体、公共事件和立法供给研究——以 2003 - 2013 年公共事件为例》，载《法学评论》2016 年第 5 期。

② 季卫东：《法律议论的社会科学研究新范式》，载《中国法学》2015 年第 6 期。

③［德］罗伯特·阿列克西：《法律论证理论》，舒国滢译，中国政法大学出版社 2002 年版，第 88 - 90 页。

者类似于专业司法论证。前者被法学界称为“法律议论”。“法律议论的价值在于理解当代中国语境下法治的合理性应当如何确定、怎样的法治才是符合实际和有效发挥其正向效能的问题，而不是把这些问题停留在仅仅怀抱法治理想上的‘前期热情和神秘忠诚’的层面上。”① 风险事件的不确定性更是需要这种议论性话语破除法治的板滞和虚幻。有人曾经据此思路以丰富的个案深入研究过媒体法治评论在国家立法参与中的角色和作用，发现了不少的有益结论，② 这一研究也正好启示笔者，媒体与立法的互动不光施惠于一般行政部门，也将施惠于传媒法治本身。

本书主要围绕“因事成制”中的“风险事件”属性及媒体叙述、媒体对于围绕风险事件的“法律议论”等提出了一点初步设想，希望只有两点：1. 帮助人们科学认识“因事成制”的规律和特征，提高风险事件的舆论应对能力；2. 为相关部门完善我国传媒法制中的有关内容提供决策咨询。虽寄托宏远，但论证粗疏，如果能够引发同好的思考及补正，则为万幸。

总结上文，本书的逻辑思路如下：围绕中国传媒法制建设这一核心话题，首先明确研究对象及其研究基础，其次找准立法视野和研究方法，再次则要明白，除了体制和法律的冲突外，传媒法制建设还有哪些观念性障碍。接下来的第四步是针对障碍，思考“怎么办”，希望找到的办法（或路径）能够冲破体制、法律、观念三者的围困（而冲破观念的围困是基础）。其具体做法是，以找准的研究方法回观历史，在历史叙事中总结经验、找准思路、凝聚概念，逐步明晰何种制度应该以什

① 马雁、史志钦：《法治话语、法律议论的公众型构过程与背景》，载《北京行政学院学报》2007 年第 1 期。

② 杨秀：《法治评论及其在法治建设中的作用研究》，博士学位论文，复旦大学，2012 年，第 133 – 173 页。

么样的路径进行创设与革新。第五步，认识历史后，将历史与现实相连接，打通思维，发现最近的相类似的典型案例，然后提炼出一条传媒法制建设的新路径："因事成制"路径。因为观念支配行动，观念带动法制变革，因此，法制中的核心观念必先得以撬动；撬动观念者，有知识的积累和前贤的思想，也有外在现实和事件的变动、特别是风险事件的倒逼，本书集中思考风险事件倒逼法制变革的理论与机缘，从而从一个具体领域和侧面坐实了国家治理能力现代化——法治化的运演机制。

第二章

中国传媒法制建设的人文视野与研究方法

一、人文表征：立法精神与立法视野

（一）问题的引发

21 世纪前后，内地主持人的用语一直存在港台化的问题，而且大有泛滥之势。只要打开电视或收音机，观众就会发现，“哇……耶”等港台化的语气词不经意间从内地主持人嘴里蹦出来，甚至原本以大气儒雅自居的中央电视台主持人也大有发嗲的趋势。2005 年 9 月 13 日，国家广电总局正式下发《中国广播电视播音员主持人自律公约》（以下称为《公约》），对主持人用语做了许多明确的要求，其中包括，严禁播音员和主持人使用港台腔、方言和不必要的外语。触犯《公约》者甚至会遭“下岗惩处”。由此可知，虽然名曰“自律公约”，但充当的是法律的刚性角色。为刹住这股风气，《公约》特别要求，“除特殊需要外，一律使用普通话，不模仿港台腔及其表达方式”。而且主持人随意夹带外语、用方言播报的现象也在明令禁止的范畴之内：“不模仿地域音及其表达方式，不使用对规范语言有损害的口音、语调、粗俗语言、俚语、行话，不在普通话中夹杂不必要的外语。”

2006 年 3 月 31 日，时任国家广电总局副局长胡占凡表示，国家广电总局将出台相关政策，进一步规范广播影视节目播出语言，非经广播影视行政管理部门批准，各级广播影视播出机构不得擅自开办使用方言播出的节目。

胡占凡还在教育部、国家语委举行的纪念国务院《关于公布〈汉字简化方案〉的决议》和《关于推广普通话的指示》发布50周年座谈会上发言时指出，广播影视是通过声音和图像进行传播的媒体，规范的语言文字和普通话是其最重要的信息载体，广播的“声情并茂”和影视的“声画和谐”都离不开规范的语言文字。播音员、主持人要在推广普及普通话、规范使用通用语言文字、维护祖国语言和文字的纯洁性等方面发挥示范作用，除特殊需要，一律使用普通话，不模仿有地域特点的发音和表达方式，不使用对规范语言有损害的口音、语调、粗俗语言、俚语、行话，不在普通话中夹杂不必要的外文。胡占凡表示，国家广电总局一直很重视广播影视语言文字的规范化工作。近年来，相继制定了一系列政策措施，禁止在娱乐性综艺节目中使用不文明的语言、不规范的语言文字，坚持使用规范的普通话，力避模仿不健康的腔调和做派。他还说，目前，国家广电总局已经制定了收听收看评估标准、奖惩条例、管理办法等。今后，将把使用推广规范的语言文字作为对各类节目进行全方位监督评价的重要内容之一，进一步加强播音员、主持人队伍建设，积极推动广播影视语言文字工作朝着更加规范的方向发展。

国家广电总局“拟限制电视方言节目”再次传出以后，不少习惯看方言节目的人士，对此反应强烈。多位专家接受采访：建议不要“一刀切”，“推普”不能走极端。一些从事播音教学工作的教师并不认同强调“推普”就要限制方言节目。同时有人说，在普通话水平测试的诸多指标中，对于语音的打分差不多占了70%－80%，而语法、词汇乃至修辞等却被相对忽视——“如果太重视语音，北京的小学生都可以教广东的大学老师学习普通话，这样的推普，显然有点偏了。”“同是美国，各个州的英语发音都有所不同，但并不妨碍交流。”绝大多数南方人说普通话，都会难免带点南方口音，“推普”只要推到不妨碍交流就行。方言同样是文化的载体，而且魅力无穷，不能因为“推普”，就让群众喜闻乐听的方言成为“古董”。一些从事中国文化研究的学者指出，不同的频道不要限制过死，文化多元是中国的最重要的特征之一，而多元的文化就一定包括多元的语言文化，应充分尊重不同地域的历史和现状，尊重各地不同文化的多元性，应当提倡双方言（或多方言）的多元语言生活，反映在电视媒体上，就是不同的栏目、不同的频道，就应该有不同的载体，不能“一刀切”。而另外一些专家表达了相反的意见：从国家层面上说，“推普”有助于促进民族沟通，提高全民族的凝聚力，但广电总局有关负责人的讲话并没有“限死”方言节目，而是说“非经广播影视行政管理部门批准，不得擅自开办使用方言播出的节目”，这表明，国家将在“度”上对方言节目进行把握，与保存丰富多彩的方言并不矛盾。语言管理有其特殊性，争论在继续，谁也说服不了谁。

同样的争论还存在于广告语言的管理中。广告语言是一种艺术，许多广告的创意就来自于语言的修辞性变通之中。但是，相关法规却对广告语言运用作了僵化的规定，束缚了广告的发展。对此，一些专家多有不满，并提出了修正意见。

（二）立法精神

以上争论引发的根本原因在于制度本身存在问题。问题核心是由于制度订立者琐屑的追求、局狭的视野违背了起码的“立法精神”。

关于“立法精神”，孟德斯鸠（Charles de Secondat Montesquieu）在《论法的精神》一书中的第二十九章有很好的论述。他认为：“宽和适中应该是立法者的精神。”① 言外之意，思想片面、偏执者不能履行制

① ［法］孟德斯鸠：《论法的精神》（下），许明龙译，商务印书馆 2013 年版，第 682 页。

定法律的重任。可事实是，“法律总要遭遇立法者的激情与偏见”①。其结果是，这些法律违背了立法者的意图：“有一些法律就连立法者也知之甚少，以至于与立法者的初衷背道而驰。”② 孟德斯鸠强调，要妥善立法，要注意法的明晰性、稳定性、一致性、可行性。“制定法律时应该切实注意，防止法律违背事物性质。”“以空想的至善为借口，对一件并不坏的事加以禁止，这种必要性十分罕见。”③ 亦即，如此追求“至善”的法律显然是没有可行性的。

关于具体法律的立法精神怎样，学界的讨论纷纷攘攘。如有学者从服务与合作两方面阐释行政法的新的人文精神，并将行政法的人文精神轨迹描述为“三论”：权力论、服务论、平衡论。④ 有学者将《行政许可法》的立法精神归纳为合法、高效、有序、利民四个方面。⑤ 针对传媒法制的立法精神，沿着前有思路和良法表现，我们可以提出不少概念：自由、正义、公平、理性、平衡、合宪，等等。这些概念都很重要而且都总结到位，但是，笔者觉得其中更切合于中国当前实际的是法律的平衡精神和理性精神。这里先说平衡精神，理性精神在下一小节讨论研究方法时再窥堂奥。

行政法规的权利（力）平衡论，被我国一些行政法学家认为是其理论基础。其主要观点有：1. 平衡是指矛盾双方在力量上相抵而保持一种相对静止的状态。2. 既然是相抵则必然是一种制约。即，行政权力与相对人权利的相互制约。通过制约从而实现一种动态的平衡，实现行政主体与相对人之间的公平。3. 平衡论认为行政权力直接或间接来

---

① ［法］孟德斯鸠：《论法的精神》（下），许明龙译，商务印书馆 2013 年版，第 700 页。

② ［法］孟德斯鸠《论法的精神》（下），许明龙译，商务印书馆 2013 年版，第 684 页。

③ ［法］孟德斯鸠《论法的精神》（下），许明龙译，商务印书馆 2013 年版，第 697 页。

④ 叶必丰：《行政法的人文精神》，北京大学出版社 2005 年版。

⑤ 杨海坤：《〈行政许可法〉的立法精神》，载《法学》2003 年第 11 期。

源于公民权利，权力是权利的一种特殊形式。行政权一旦形成便同公民权利结成一种既相互依存，又相互对立的关系。行政法既要保障行政管理的有效实施，又要防止行政权力的滥用或违法行使。行政机关的权力和相对方的权利应保持总体平衡。①

平衡精神的表现形式有实体上的，也有在程序上的。在实体法上，由于行政权具有强制性，行政权必然要强于公民权。行政权强于公民权使得二者在实体法上的权利义务不对称，从而导致二者利益不均衡。如何让这种不均衡尽可能平衡呢？笔者主张，行政权在行使时，尽量要让公民的权利不受侵犯，公民的权利应当上升到宪法的角度来看待，如此，二者在利益的分配上才能真正地平衡。如果行政权的行使不受到限制或者公民的权利不加以强调，那么在很大程度上公民权受侵犯的可能性将增加。同时，在程序上也应使二者达到平衡。现代行政法的"程序抗辩"便是对行政权与公民权的一种平衡。在程序上，行政行为的行使必须经过严格的法定程序方可行使，只要行政主体不按法律规定的程序办事，就是违法。有人这么理解"程序抗辩"："程序抗辩的内容是：当剥夺相对人的自由、财产时，应当听取相对人的意见。让他们享有自我防护或申辩的机会与权利。并且在一般情况下，不能由行政主体直接主持听证（回避原则），其实质在于：把诉讼程序中的抗辩权机制移植到行政程序中来以寻求行政的正当理由。行政自由裁量权的存在和扩张，使程序抗辩机制成为现代行政法的基本功能，程序抗辩关于控制权力而言，之所以能说是有效的是因为：通过相对人对行政权力的抗辩，以保持行政权力与相对人权利的平衡，增进行政效率与公民自由关系的协调，促使形成合理性与实质性的结合。"② 综上，正是公民权上

---

① 有关理论参见罗豪才、沈岿《平衡论：对现代行政法的一种本质思考——再谈现代行政法的理论基础》，载《中外法学》1996 年第 4 期；罗豪才、甘雯《行政法的"平衡"及"平衡论"范畴》，载《中国法学》1996 年第 4 期。

② 孙笑侠：《法的现象与观念》，山东人民出版社 2001 年版，第 184 页。

拥与程序抗辩，二者共同维护了新闻媒体行政法治的平衡精神。

对于平衡精神的表述，有学者不用“实体”和“程序”来归纳，而是用“状态”和“过程”来论述：“平衡作为行政法的内在精神，既是一种状态，也是一个过程。作为一种状态的平衡，表现在法律上是权利义务的总体相应和协调，行政主体与相对人之间的和谐，公民服从国家就同时是服从自己，为公共利益让步就等于为自己根本利益储蓄。作为过程的平衡，主要表现为通过行政法上的一系列制度和机制来实现平衡，如行政程序制度、行政责任制度、行政公开制度、公民参与制度、司法审查制度以及救济制度等等。”① 由此可见，行政法制的动态平衡中，除了“程序抗辩”制度外，还体现为更宽泛的制度性措施。

前文所述的引发争议的语言传播规范问题，究其原因之一就是无视法规的平衡精神，而只单方思考问题所致。它们既没有实体的平衡，更没有从程序设计上考虑涉事双方的权利（力）对等。

（三）立法视野

方言传播和广告传播的政策、法规遭遇到的尴尬还可以从平衡精神缺失延伸到其立法视野的窘促上。

以特定视野来看待具体的法律制度也是我们必须仔细考量的事。对于传媒法制而言，笔者认为应该有如下视野：普世视野、系统视野、权利视野。

以赛亚·柏林（Isaiah Berlin）对普世价值的定义是，“普世价值……是那些被很多人在绝大多数地方和情况下、在几乎所有的时间里、实际上共同认可的、在他们的行为中不一定明确表现出来的价值”②。施瓦茨（Shalom H. Schwartz）与一些心理学同事们对普世价值进行了

① 王锡锌：《再论现代行政法的平衡精神》，载《法商研究》1995年第2期。

② See Jahanbegloo, Ramin. Conversations with Isaiah Berlin. McArthur & Co. Reprinted 2007, Halban Publishers, 1991, p. 37.

实证研究，调查普世价值是否存在，如果存在的话，又有哪些具体内容。施瓦茨定义的“价值”是那些“影响人们选择行为和评价事件方式的令人向往的观念”。① 他假说的普遍价值涉及三个不同类型的人类的需要：生理需要，社会统筹的需要，以及与福利和群体生存相关的需要。他在对44个国家里不同文化背景的25000多人进行问卷调查的基础上，展开了一系列的研究，得出的结果是，社会上存在着十种不同类型的56种具体的普遍价值：安全、享乐、权力、成就、刺激、自主、普世性（道德）、慈善、传统、社会整合。其中“自主”包括创造力、自由、独立、好奇心、选择自己的目标；普世性（道德）包括博大胸怀、才智、社会公正、平等、和平、美丽、与自然的融和、对环境的保护、内心的和谐。②这些内容应该说是所有社会都存在而且要维护的基本价值和人生观念，我们的法制建设也概莫能外。前些年，国内对普世（适）价值有过激烈争论，其原因可能是，对普世价值的理解太过狭窄，也太意识形态化。其实，上述普世性（道德）是很中性的概念。

系统论的出现，使人类的思维方式发生了深刻的变化。系统论是一种科学方法论。它认为，系统具有三个基本特征，即整体性、相关性和动态性。整体性是系统的首要特征，系统是一种整体性的存在；整体的功能不是组成整体各个部分功能的简单相加，而是取决于构成系统的各个要素的组织方式，即“结构”。总之，它的核心思想是把事物看成整体，把系统的组成部分看成是这个整体的有机组合的要素，重视发挥系统的整体功能和整体效益。在系统论出现以前研究问题，一般是把事物分解成若干部分，抽象出最简单的因素来，然后再以部分的性质去说明复杂事物。这种方法的着眼点在局部或要素，遵循的是单项因果决定

---

① Schwartz, S. H. and W. Bilsky. Toward a Universal Psychological Structure of Human Values. Journal of Personality and Social Psychology, 1987 (53): 550.

② See Schwartz, S. H. Are there Universal Aspects in the Structure and Contents of Human Values? Journal of Social Issues, 1994, 50 (4): 19 - 45.

论，它不能如实地说明事物的整体性，不能反映事物之间的联系和相互作用，它只适应认识较为简单的事物，而不胜任于对复杂问题的研究。而系统论的分析方法却能站在时代前列，高屋建瓴，综观全局，别开生面地为现代复杂问题提供了“结构”性思考问题的思维方式。

权利视野也是传媒法制建设的重要方面。按享受权利的主体分，权利包括个人权利和集体权利两种。前者是指个人依法享有的生命、人身和政治、经济、社会、文化等各方面的自由平等权利；后者是指作为个人的社会存在方式的集体应该享有的权利，如种族平等权、发展权、和平权等。按照权利的内容来划分，人权包括公民、政治权利和经济、社会、文化权利两大类。前者是指一些涉及个人的生命、财产、人身自由的权利以及个人作为国家成员自由、平等地参与政治生活方面的权利；后者是指个人作为社会劳动者参与社会、经济、文化生活方面的权利，如就业、劳动条件、劳动报酬、社会保障、文化教育等权利。总之，人权是涉及社会生活各个方面的广泛、全面、有机的权利体系，是人的人身、政治、经济、社会、文化诸方面权利的总称。一个民主与科学的法律制度，必须尽力做到尊重和保障人权。“一个保护人权的制度就是好制度，一个侵犯人权甚至根本不承认人权的制度便是坏制度。”① 2004年3月14日第十届全国人民代表大会第二次会议通过的《宪法》修正稿将“国家尊重和保障人权”写进《宪法》，成为我国人权事业发展的一个伟大里程碑。尊重、保障人权就包括满足公民的知情权，知情权既是公民的人身自由权，又是公民的政治权利，尊重和保障知情权是实现公民言论自由权和参政议政权的题中之意，而知情权的满足基本上依赖新闻媒体的大力作为（此概念的提出就是一个美国记者所为），所以，传媒法制建设切实少不得此等权利观念。

由以上立法精神和立法视野来观察中国传媒法制建设，首先要考虑

---

① ［英］A. J. M. 米尔恩：《人的权利与人的多样性——人的哲学》，夏勇等译，中国大百科全书出版社 1995 年版，第 1 页。

的就是，新闻自由的法制建设任务如何落实到立法部门和政府部门。即，如何立法是这些部门需要好好考量的事。特别是政府部门更为紧要。因为不经意间这些政府部门可能会犯一叶障目的错误，以部门利益伤害了整体的自由价值。上文提及的广播电视语言管理引发的争论和商榷，就源于广电总局的急功近利思想，这种“头痛医头脚痛医脚”式的管理让广电总局变成广电总“急”；而广告语言管理的讨论也是因为有关广告法规的制定者只是单向地考虑自身的管理便利，从而罔顾了语言艺术的特点和发展规律。总之，是狭窄的视野使得法制建设惹起了诸多争端，甚至偏离了法治本质。特别是在法规的针对性非常具体，以至于落到特定事件上的时候，更要小心法规的局狭性弊端。由此我们可以断言，针对需要分阶段、分步骤去“化整为零”地进行建设（因为就目前情势看，一步到位的《新闻/传媒法》几无可能）的中国传媒法制来说，其当务之急和正确路径实实在在应该是：1. 着眼现实，放眼世界，以法治的理念和精神解决中国问题；2. “识大体，存大统”，超越私益，平衡权利，去除屑小，在宏观问题上沉潜往复、积累经验，不做或少做“只见树木不见森林”之事，除非危害公益，否则少订或不订立禁止性制度。“堵漏洞”“打补丁”的做法不是传媒法制建设的正途。这正是本书研究中国传媒法制建设的基本前提。

二、方法选择：“回到现场”与“叙事探究”

（一）研究个案的提醒

笔者曾经带领研究生写过一篇论文，其研究结论是：实名制网络的网民理性而谨慎，其在防止网络暴力方面取得了一定的实效；但是，仅此还不足以证成网络实名制的必要，笔者主张应该理性认识网络实名制这一呼声，因为从言论的自由多样而言，网络实名制对于一般性网上言论的伤害的确不轻。当时的思考的确如此，可是，结果适得其反，许多读者认为笔者主张网络实名制，或者以此文作为他们主张实名制的依据。虽然笔者在文末作了必要的表态，但文中的“强大证据”实实在在提供了封杀网络匿名发言的口实，这是笔者运用定量研究方法时忽略了其天然弊端的结果。

事过几年后，终于有学者提醒笔者，为什么一个严格的实证研究让一些人得出了一个经不起推敲的网络实名制的结论？笔者认为问题就出在研究方法上。通过“补课”发现，首先，定量研究通过对研究对象的特征按某种标准数量的比较来测定对象特征数值，或求出某些因素间的量的变化规律。即，定量研究的优势在于特征分析和量与量之间的关系分析上，不擅长直接得出本质性结论，即不好做出“是”与“否”的直接回答。其次，定量研究常有顾此失彼的毛病，因为事物的量是丰富多样的，一个研究不可能将所有的量都纳入考察范围内，如是，就极有可能只注意到了一个侧面的量而忽视了反方向的、甚至矛盾的量。再次，定量研究在中国新闻传播学界的应用多表现为对某一模式或理论的检验，在学术创新方面乏善可陈。传媒法学涉及有思想、有意识的人和人的历史，这时研究者和研究对象之间处于一种双向的理解关系，它必须回答有关生活的意义问题。在这些方面，实证主义不可避免地存在着方法论上的局限性。基于以上几点，笔者认为，传媒法的研究应该避免在单一的定量研究基础上下结论，要多从人文的角度出发，以宏观的视野综合运用定量与定性的方法，特别是以科学的研究方法系统地思考问题。既不能像一般研究传媒法制的学者那样从概念到概念地进行学术“呼喊”，也不能转向近年来热门的、却是粗疏的数据统计分析。总之，方法选择无小事。方法的选择不光表征着研究的科学程度，也体现了研究者的学术旨趣。查中国知网可知，在我所发表的所有学术论文中，研究网络实名、匿名发言的这篇论文是其他人下载和引用最多者。笔者一边在悔其学术旨趣不高，别人却一边还在继续接受这一旨趣的影响而不自知。近年来，因采用研究方法不当而忽视一般性问题研究以至流于琐屑的社科法学颇受法教义学的诟病，正与该文类同。

笔者在此引用我本人的研究个案作为挞伐对象，因为以切身的感受立基，便于有底气地抒发和展开观点。同时也事先提醒自己特别注意，在落实本书后面所言传媒法制建设路径时，不要以为某一突发事件皆能简单到天然地触发一部良法诞生。

那么，什么是科学的研究方法？科学的研究方法不是简单的量化方法，也不是简单的质化方法，而是连接经验与理论的社会科学研究方法，它讲演绎，也讲归纳；讲证实，也讲证伪。

学术研究时刻不脱离现实和实践，这是法学、新闻传播学这些社会科学的必备素质，它明显区别于文史哲等传统人文学科的研究方法。文学、哲学是“内敛的学科”，它们以心知性和玩赏性为特点。新闻法学是“外推的学科”，是一种“对象化指向的思考”，是具有主体间性的科学活动；它不是一种普遍性的“学问”，而是具体化、情境化的释疑和总结；它不要提出真与假的判断，而要解决现实中对与错的问题。所以，作为中国新闻法学者，我们只有找到新闻法的中国元素，才能找到自己学术生命的支点。在这个支点上，我们要以乐观、积极的态度挖掘其合理性；在这个支点上，我们也要认真反思其板结、滞碍之处；在这个支点上，正是其板结、滞碍之处为新闻法学者预留了开拓和发展的机遇空间。一个充满变数的领域，如果理论家没有发明创造，那是说不过去的；一个充满机遇的领域，如果学者们只在书斋里背对之，那么不光说不过去，而且根本就不能容其置词申辩。

问题的发现来自现实经验，针对问题而提出的理论假设同样来自经验事实。这里涉及两个问题。一是要重视生活实践，二是要有能力提炼出概念或模式。新闻法学研究者要观察媒体，并到媒体实际中去，收集大量的数据、材料、现象、事实，然后超越于具体资料，提出概念，建立理论模型，不能漫漶于事实的泥淖中，也不能陶醉在细节的把玩里。理论抽象，或者说将从调研得来的认识一般化才是更重要的，也是真正可能做出学术贡献的“惊险一跃”。[①] “我们要到最基本的事实中去寻找最强有力的分析概念。一个做法是从悖论现象出发，对其中的实践做质性的分析调查，了解其逻辑，同时通过与现存理论的对话和相互作用，来推进自己的理论概念建构。”“我们真正需要的是从实践出发的一系列新鲜的中、高层概念，在那样的基础上建立符合实际以及可以和西方理论并驾齐驱的学术理论。”[②] 经济学家林毅夫也说：“要成为一个好的学者或者一个悟道的人，必须是‘常无，欲以观其妙’（《老子》），心里不能执着于任何现有的理论，必须以‘常无’的心态来观察现象”，任何生活现象都是决策者在一定条件下理性选择的结果，背后都有一定的学理支撑，所以我们作为一个学者，要不断从经验现象中总结出理论模式。[③] 本书正想做这种尝试。

（二）“回到现场”

当代哲学转向对语言、对话、交流、理解以及人类活动的关注，并由此导致认识论哲学在理性观、真理观等方面的共同探求，正是由于当代社会生活中出现的各种新问题令主体性哲学遭遇尴尬，而主体间性的出场则是哲学对现实挑战的回应。它反映了当代哲学发展的一般倾向：即回到生活，回到实践，回到现实，回到人的真实生存本身。

由陈平原、夏晓虹主编的《触摸历史——五四人物与现代中国》自从2009年出版以来，已有不少书评为之叫好。该书以五四人物为经，以现代中国为纬，内容涉及五四运动的前因后果与诸多方面，通过一个个鲜活的历史人物和事件现场来透视当时的历史与社会，构成了一幅立体的五四运动的全景图。笔者以为，这本书之所以能够引起共鸣，与其

---

① 陈瑞华：《论法学研究方法》，北京大学出版社2009年版，第208页。

② 黄宗智：《经验与理论：中国社会、经济与法律的实践历史研究》，中国人民大学出版社2007年版，第454页。

③ 林毅夫：《关于经济学方法论的对话》，载《东岳论丛》2004年第5期。

说是它的内容多有新意，不如说是观念、方法上的创新与实践。正是这后一方面，即观念与方法论上的意义，使此书显得与众不同。在《触摸历史·总说》中陈平原先生提出的“回到现场”，可以说就是全书的“总纲”，其他的立论、叙述和界说则基本是这一总纲的延伸、发挥与实践。所谓“回到现场”，按照陈先生的解释，就是一种进入历史，进而“触摸历史”的方式，其方法是“关注‘瞬间’‘私人’与‘感性’，希望从具体而微的角度”，以达到“展现那不大为今人关注的另一种‘五四’风貌”的目的。① “回到现场”作为学术阐释的基本前提的同时，本身也是在“触摸历史”。陈平原在其独立撰写的、稍早于该书出版的著作《触摸历史与进入五四》的“导言”里说：所谓“触摸历史”，不外是借助细节，重建现场；借助文本，钩沉思想；借助个案，呈现进程。② 研究历史，离不开事件，这就涉及“事大”“事小”之分。陈平原说，所谓的大与小，“并非指事物本身的体积，而在于其能否牵一发而动全身，有无深入发掘与阐释的可能，以及是否切合自家心境与文化理想”。③

后来，有学者在陈平原的论著基础上作了如下总结：“回到历史现场”被学术界视为上佳研究状态，被学术界视为淡化科研活动的主观色彩的上佳学术路径；研究者只有回到历史现场，才能准确认知和把握研究对象的生成性而非现成性、过程性而非目的性、关联性而非因果性，才能从客观现实而非某一价值判断或理念出发考察、认知和阐释研究对象，才能在现象学层面历史地、现实地、具体地描述和呈现研究对象。显然，回到历史现场，是研究者确保其科研过程自然化、确保其科研成果科学化的前提和基础。④ 现象学大师胡塞尔（Husserl）认为，认

① 陈平原、夏晓虹主编：《触摸历史——五四人物与现代中国》，北京大学出版社2009年版，“总说”。

② 陈平原：《触摸历史与进入五四》，北京大学出版社2005年版，第5页。

③ 陈平原：《触摸历史与进入五四》，北京大学出版社2005年版，第5页。

④ 张志平：《试论文学研究活动中的辩证法》，载《社会科学论坛》2012年第1期。

识主体之间的共识或知识的普遍性的根据是人的“统觉”“同感”“移情”等能力。而人的“统觉”“同感”“移情”必须借助于具体对象。如果是对历史的共识或形成历史知识，这个对象就必须是历史事件，我们就需要回到历史现场；如果是对现实的共识或形成现实观念，这个对象就必须是现实事件，我们就需要感同身受这个现场。

（三）现象学方法与“叙事探究”

为了使哲学成为严格的科学，胡塞尔（E. Edmund Husserl）认为首先应当通过一种方法的操作，找到哲学的“阿基米德点”和“第一原理”。他所发现并完善的现象方法便是这样一种方法。这种方法给人们提供一种彻底改变了的观点，即“回到事情本身”的观点。这里所说的“事情”（Sachen）并不是客观事物，而是呈现在人的意识中的一切东西，如自然物质、数理实体、价值、情感、意志、愿望等，既有物理的东西，又有心理的东西。胡塞尔把所有呈现在意识中的东西统称为现象。事情和现象名二实一。由此可见，所谓回到事情本身，乃是回到意识领域、意识现象。只有回到事情本身，直面现象，才能避免传统的心物分裂的二元论。返回事情本身所操作的方法也称为现象学还原法，它主要由本质还原法和先验还原法构成。还原的过程通过“悬搁”或“加括号”的方法完成，“每一种可判断的对象，均可被置入括号中”。①

本质还原（Eidetische reduktion）又称本质直观，“本质直观的方法可以说是唯一一种贯穿在胡塞尔整个哲学生涯中的方法”②，它是以获得非经验的、无预先假定的本质和本质的规律为目标的认识方法。本质（Wesen）是胡塞尔现象学的一个基本概念，它和观念（Idee）这个词

---

① ［德］胡塞尔：《纯粹现象学通论》，李幼蒸译，商务印书馆 1995 年版，第 97 页。

② 倪梁康：《现象学及其效应——胡塞尔与当代德国哲学》，三联书店 1994 年版，第 75 页。

大体上是同义的。在胡塞尔看来，本质不是现象背后隐蔽着的东西，本质就在现象之中。具体而言，本质乃是现象中稳定的、一般的、变中不变的东西，即诸变体之中不变的常项。本质是观念的、先验的，但又直接呈现在意识（现象）中。本质的基本特征是一种先天的观念性，而不是一种经验的事实性。获取本质的手段是抽象，但这种抽象不是传统意义上的逻辑思维的抽象，而是本质直观的抽象。人们通常认为只能直观到个别的、特殊的东西，不能直观到本质的东西。胡塞尔认为这种看法是不对的。在他看来，有两种不同性质的直观：一种是感性直观，它的对象是个别的事物；另一种是本质直观，它的对象是一般的观念或本质。本质直观不能离开感性直观来进行，它只能建立在对个别事物的感性直观的基础之上。“每一偶然事物按其意义已具有一种可被纯粹把握的本质，并因而具有一种艾多斯（即“本质”——引注）可被归入种种一般性等级的本质真理。”① 人们不需要凭借任何逻辑推理，只要在直观过程中把注意力集中到在变化中保持不变的那种东西上面，就能直接把握本质。这种直接获取本质的方式，可以通过一种叫作“自由想象的变更”的具体做法来实施。

“自由想象的变更”的操作步骤是：“变更多样性的创造性通观”“在持续的涵盖中的统一性联结”“通过直观能动地认同相对于差异而言的全等之物”。即，通观多种多样的事物、找出诸变项中的常项、提炼常项中的本质。通俗地说就是：以个别的、特殊事物为出发点，先描述一个例子，然后在随意的、不受限制的想象中变更描述中的宾词，每次变更后都要问一问：变更后所描述的对象是否还是原来同一个对象？在这样做时，我们随时可以发现：在变更过程中以及变更所产生的变项中，始终贯穿着一个常项，这个常项便是现象学所认为的本质。② 例

① ［德］胡塞尔：《纯粹现象学通论》，李幼蒸译，商务印书馆 1995 年版，第 50 页。

② 张廷国：《胡塞尔现象学的方法论及其意义》，载《武汉大学学报》（人文社会科学版）2000 年第 1 期。

如，为了发现树的本质，我可以想象一棵树（如松树），然后变更这个想象，让它变成一棵樟树或杨树，落了叶的树或枝叶繁茂的树，直到发现它不再是树为止。如果我们忽略那些复杂多变项而关注变更中的统一，树的本质就能呈现出来，剩下的工作便是将它原本地陈述出来。

比如，针对传媒法制建设，我们可以将其核心概念“自由”作为现象学中的“事情”或“现象”对待，应该将已有的“自由”观念搁置起来，回到“自由”本身，直面“自由”现象，通过本质还原方法求得“自由”的本质。具体操作是：依托现实，将一个具体事件中的“自由”之需明晰起来，然后换一个事件看“自由”，然后再换一个、再换一个，直到变成已经为人们所接受的别的观念为止。这时，“自由”的本质便出现了。

在这个寻求“自由”本质的过程中，在现实中，对于特殊事物或事件选取或创造（按照胡塞尔观点，这个事物可以是经验之物，也可以是没有经验到的或想象的事物）显得十分重要；在书斋研究中，如何叙述这个事件便处于基础性地位。

新世纪之初，叙事探究作为一种新颖的社会科学的思维方式和研究方法，首先被应用于教育经验研究，后来被逐渐推广运用于其他学科。它以叙事的方式思考生活，强调走进故事、撰写现场文本。将叙事探究加以系统化的加拿大学者说：“对于我们，叙事是呈现和理解经验最好的方法，经验就是我们所研究的东西。我们叙事地研究经验，因为叙事的思考是经验的一个关键形式，也是撰写和思考经验的关键方法。实际上，叙事的思考是叙事现象的一个部分，或许可以说，叙事的方法是叙事现象的一部分，或者是叙事现象的一个方面。因此，我们说，叙事既是社会科学的现象，又是社会科学的方法。”① 陈向明评论说，叙事探究不是以一个问题开始，而是以一个研究者感到好奇的现象开始；“叙

① ［加］D. 简·克兰迪宁、F. 迈克尔·康纳利：《叙事探究：质的研究中的经验和故事》，张园译，北京大学出版社2008年版，第20页。

事地思考”即是用一种有着内在意义联系的方式来思考人类的生活经验和叙事探究活动本身。① 叙事探究就是中国社会学学者所倡导的“过程－事件分析”方法的另一版本。

“过程－事件分析”是由国内社会学家提出的一个带有准方法论色彩的研究策略。它由李猛的硕士论文最早提出，由应星等做出田野调查，最后由孙立平做出理论概括和方法总结。孙立平说：在农村，只有当有事情的时候，才能看出谁和谁远，谁和谁近。这里最重要的就是“有事情的时候”。只有在这样的时候，真正的社会关系才能真正地展示出来。这启示我们，我们的关注点，也就应当放到这种“有事情的时候”。这种“有事情的时候”是什么，就是一种可以展示事物逻辑的事件性过程。关注、描述、分析这样的事件与过程，对其中的逻辑进行动态的解释，就是我们这里所说的“过程－事件分析”的研究策略和叙事方式。“过程－事件分析”研究策略的最基本之点，是力图将所要研究的对象由静态的结构转向由若干事件所构成的动态过程。这里的关键，是将研究的对象作为或者是当作一个事件性过程来描述和理解。②这一研究策略在国内社会学界曾引起过争论，有人就本策略到底是“过程－事件分析”还是“结构－制度分析”提出过质疑。这里不想展开和评判，只是说说笔者受到的启示，即，一句话：“过程－事件分析”原本就与制度分析密不可分。“深描”为什么？为分析。分析什么？可以分析人情世故，分析肌理机构，分析社会制度。

本书将尝试用叙事探究（或中国式的“过程－事件分析”）的方法找到可以“置换”的事件，通过分析事件见出传媒法制的“本质”来，并进而乘势进行制度建设。只不过在方法运用时，不会像社会学者那样

---

① 陈向明：《以叙述的方式思考和探究》，见［加］D. 简·克兰迪宁、F. 迈克尔·康纳利：《叙事探究：质的研究中的经验和故事》，张园译，北京大学出版社 2008 年版，“代序”。

② 孙立平：《“过程－事件分析”与中国农村中国家－农民关系的实践形态》，载《清华社会学评论（特辑）》，2000 年。

对事件做田野式深描，只求将事件的来龙去脉叙述清楚便可。也正因为此，本书将其研究方法的名称名之为“叙事探究”而不是“过程-事件分析”，以区别于社会学研究。

第三章

中国传媒法制建设核心观念审思

一、言论自由与新闻自由论述的诸面相

（一）言论自由的经典表述

1. 弥尔顿的出版自由主张

1644 年，英国诗人、政论家约翰·弥尔顿（John Milton）因出版书籍引起纠纷，被传到议会答复质询。他在议会上作了长篇演讲，系统地阐述了出版自由思想。这篇演讲就是《论出版自由》，它后来被译成几十种文字，并成为西方新闻自由思想的奠基性著作。

弥尔顿的基本观点是：（1）人是有理性的动物，要相信读者有判断是非的能力。“杀人只是杀死了一个有理性的动物，破坏了一个上帝的像。而禁止好书出版则是扼杀了理性本身。”①（2）真理是通过各种观点、意见和思想的公开辩论和自由竞争获得的，不是权力赐予的，必须允许真理参加自由而公开的斗争，要让真理通过自我修正，最后战胜各种谬误、愚蠢和无知而自我发扬光大。（3）必须限制权力，废除各种钳制言论的制度、规章，检查官的水平大多低于读者的水平，他们的无知和偏见害了不少人。（4）出版物可以禁止，但检查官无法禁止其

① ［英］弥尔顿：《论出版自由》，吴之椿译，商务印书馆 1958 年版，第 5 页。

中的思想的流传。(5) 在真理被权力占有者捆绑住的时候，它就会以扭曲的形态出现，而无法呈现自己的本来面目。

2. 洛克的自由主义哲学观

在弥尔顿的影响下，1693 年，英国议会下议院通过了废除出版物事前审查制的决议，但遭到上议院拒绝。于是下议院委托著名哲学家洛克（John Locke）出场，说服上议院接受了这个决议。不仅如此，在此之前，洛克本人还从哲学的高度论证了言论自由的合理性。在 1689 年，洛克发表《政府论》和《论宽容异教的通讯》，1690 年出版了《人类理解论》。在这些论著中，洛克表达了如下自由主义思想。

(1) 所谓自由，就是一个主体有能力按照自己的意愿下决心或思考，决定某一特殊行动的实现或停顿。任何人只有具有了由自己的思想决定行动与否的能力，他才有了自由。一个人的自由只能以其意愿为限，无法想象能有比这更自由的。(2) 对于同一事物存在多种见解是不可避免的。如果这些见解是否是真理还没有确定无疑的证明，那么如果有人提出一种论点，我们因为不能立即作出答复或指出其不足，所以立即退却以致放弃自己先前的主张，这样便只能得到无知、轻率和愚昧。在不同的见解中保持和平、履行人类的职责和培养友谊，对所有的人都是有益的。无论人们的见解会怎样地犯错误，它只能让理性做为唯一的向导，而不能盲目屈从于他人的意志和命令。(3) 人民的意志是权力的中心，政府不过是一种信托，其职责是保证公民的人身自由和财产安全。一旦统治者失职，人民就可撤回对它的信任和委托，即“主权在民”。(4) 信仰自由，政教分离。这些后来被引申为对各种不同的政治、经济、文化观点都应当宽容。①

3. 杰弗逊的第四权力论

美国第三任总统杰弗逊（Thomas Jefferson）是媒介自由主义理论的

---

① ［英］洛克：《政府论》（下篇），叶启芳等译，商务印书馆 2013 年版。

身体力行者，也是自由主义理论的代表人物。

杰斐逊的主要观点是：（1）为了保障人的生命和自由才成立了政府。为了防止政府的蜕化，就必须由人民来监督。（2）人民要监督政府，就必须通过报纸让人民充分地了解公共事务。（3）言论出版自由是通向真理的唯一途径，为此，必须向人民敞开言论大门，敞开一切通向真理的途径。人民有能力对一切事实和谎言做出正确的判断。（4）言论出版自由与政府的秩序是一致的，正派的政府不会被言论出版自由所打倒，我们决不能限制出版印刷的自由。相反，应当在宪法中明确规定言论出版的完全自由。离开了对新闻出版自由的保障，就无其他自由的保障可言。杰弗逊曾留下了一句名言："如果让我来决定，到底应该有政府而没有报纸，还是应该有报纸而没有政府，我将毫不犹豫地选择后者。"① 他提出，自由报刊应成为对行政、立法、司法三权起制衡作用的第四种权力。

4. 密尔的市场调节论

英国思想家密尔（又译穆勒）（John Stuart Mill）继弥尔顿和洛克之后，对自由主义理论作了进一步的阐述。1859 年密尔出版了《论自由》一书，全面论述了言论思想自由与个性解放对于人类社会文明发展的巨大作用。其主要观点有：

（1）任何见解都有可能是正确的，所以政府在压制任何一个论点的时候都存在把真理压制了的可能性。（2）所有论点多少都包含了一些对和错的东西，有合理的也有不合理的，如果压制一种见解的话，就把其中合理的部分一并压制了。（3）被多数人认可的意见即使是真理，如果不使之经受争议，公众就难以深刻地领会真理，只有通过敌对观点的公开较量，才能使真理有机会充分显露出来。（4）即使某种见解我们可以确认它是大错特错的，没有任何一点对的地方，它也有其存在的

① ［美］托马斯·杰斐逊：《杰斐逊选集》，朱增汶译，商务印书馆 1999 年版，第 389－390 页。

价值，因为它有助于我们分辨正确的见解，有助于我们去澄清正确的见解究竟是什么，以防正确的见解养尊处优失去了生命力和战斗力。(5)少数人的意见得不到公平、透彻的讨论，损害的不是少数人或个别人，而是持正统意见的人的心灵和全人类。“迫使一个意见不能发表的特殊罪恶乃在它是对整个人类的掠夺……假如那意见是对的，那么他们是被剥夺了以错误换真理的机会；假如那意见是错的，那他们是失掉了一个差不多同样大的利益，那就是从真理和错误的冲突中产生出来的对于真理更加清楚的认识和更加生动的印象。”①

5. 美国宪法学者与法官们论言论自由

美国宪法学家和法官、律师们对言论自由的法律条款已经设想了许多合法依据。这些合法依据的大多数可以归于两大类别之中。

第一是从工具主义角度来认识言论自由的重要性。自由发声不是因为人之为人的本质规定性的需要，而是因为允许人们言论自由会施惠于我们每一个人。比如说，人们认为言论自由是重要的，是因为如果政治讨论自由和无限制，那么政治运作更可能发现真理，排除错误或邪恶的政策，甚至可能使政府免于腐败。根据这些工具主义的观点，美国对言论自由的特殊拥戴是基于一种策略性的支持，即一种集体性赌注：言论自由从长远角度看对我们利多弊少。

第二，从成年公民是富有责任心的道德主体来看，言论自由具有政治社会的基本的和“构组上”的特征。这是因为：首先，具有道德责任心的人们强调按照他们自由的意志对生活中或政治中的善恶作出判断，或者对公正或信仰的真伪作出判决。没有谁有权利认为他们不适合聆听和考虑某一观点从而取消他们的观点，这样才能维护他们作为独立的个人的尊严。这样，他们的道德责任才可能成为正义的政治社会里的有效构件。其次，这种道德责任不仅是为了建立个人本身的信念，而且

---

① ［英］密尔：《论自由》，程崇华等译，商务印书馆1959年版，第17页。

是将这些信念传达于他人，这是出于对他人的尊敬和关怀，出于一种不可抗拒的愿望来揭示真理，实现正义并保障利益。当政府认为某些人的信念表明他们是无价值的参与者并以此为理由取消他们行使这种责任的资格时，政府便是阻挠并剥夺人们的道德人格。

美国的法官们认为，言论自由的上述两个不同视角的理由对完整地解释宪法第一修正案缺一不可。无疑，像言论自由权利这么一种复杂而基本的宪法权利应该会反映出许多不同的、相互重叠的合法化理由。①

根据美国法学、政治学教授桑斯坦（Cass Sunstein）的观点，美国有两种言论自由的传统：一是重视功能健全的言论市场，二是注重公众的慎思明辨。前者的渊源可以追溯到大法官霍尔姆斯（Oliver Wendell Holmes），后者可以追溯到联邦党人麦迪逊（James Madison）的观点，但在美国社会里一直以前者为主。前者认为，自由思想理论源于市场的理论。思想自由市场理论类似亚当·斯密（Adam Smith）提出的“看不见的手”，具有“真理的自我修正”的功能，同时“思想自由市场”还具有检验真理的功能。在“思想自由市场”中我们仅仅只需要通过辩论和实践便可去伪存真，它像市场经济一样对各种思想实现“优胜劣汰”，让各种思想自己去竞争，最后剩下来的离真理也就不远了。1919年，美国最高法院在“阿布拉姆斯诉合众国案”中，第一次根据宪法第一修正案来审查具体的法规。正是在该案中，霍尔姆斯大法官的反对意见把密尔的言论自由之市场理论纳入到美国最高法院司法审查的实践，并使之日后成为宪法的司法案件中有关言论自由理论的最重要原则之一。“美国霍尔姆斯大法官的思想是建立在怀疑主义的模式之上的。他认为，你如果知道世界的终极是什么，世界是按照什么规律发展的，那么你就应该接受计划经济，因为政府知道如何搞经济，但是这实际是不可能的。观念思想应该在思想的自由市场当中决定，而不应该由

① 以上三段文字表述参见［美］罗纳德·德沃金《自由的法——对美国宪法的道德解读》，刘丽君译，上海人民出版社2001年版，第282-284页。

政府去钦定。”至于要相信公众的慎思明辨能力，麦迪逊说过类似的话：“到底是香花是毒草，政府最好不要多做手脚，就让它去长好了。这大概就体现了美国制宪者的一种自信，对人性的自信。这其实是一个微妙的矛盾：制定宪法是因为对人性的不信任，然而却不是盲目地不信任，还保有基本的自信。一方面不要盲目地信仰政府，另一方面不要对普通人太不自信。”①

但是，近半个世纪来，美国的言论自由观发生了变化。

首先是，美国学者越来越倾向于反思思想市场论述，而从国家和民主角度来讨论言论自由原则。如，米克尔约翰（Alexander Meiklejohn）批评了“明显而即刻的危险”原则，主张给予一切言论表达活动以绝对的自由权利。他认为，根据宪法，存在着两种言论的权利，因此存在着两种而不是一种对于言论的保障。对于第一种权利，政府无权加以限制；对于第二种权利，政府可以在符合某些条件下加以限制。美国宪法第一修正案规定“国会不得制定下列法律：……削减人民言论或出版自由；……”其所保障的就是第一种权利。对于第一修正案所保障的言论自由，国会（实际上其他任何公共权力机构）是无权加以限制的。第五修正案所保障的是第二种权利。对于这种权利，政府可以在符合“正当程序”的条件下加以干预。这两种权利所基于的言论，米克尔约翰把它分为两种：公言论（public speech）和私言论（private speech）。所谓公言论就是与统治事务有关、代表人们参与自治过程的言论。私言论就是与统治事务、与自治过程无关的言论。前者受到第一修正案的保护；后者受到第五修正案的保护。② 显然，“他将言论自由原则同民主

---

① 引自张千帆：《言论自由与宪政》，http：//www. aisixiang. com/data/46797 - 2. html（访问时间：2013 年 3 月 16 日）。

② ［美］亚历山大·米克尔约翰：《表达自由的法律限度》，侯健译，贵州人民出版社 2003 年版。

审议的政治、而不是同自由旅途的经济联系起来"。①

其次是，美国学者越来越重视国家和政府在言论监管中的作用。

欧文·M. 费斯（Owen M. Fiss）则从社群主义的角度反驳了言论自由的个人主义立场。他认为，那种将国家视为自由的天敌的观点显然是以偏概全的，在某些情况下，国家完全可以成为自由的朋友，因为它可以通过公共资源的分配改变市场的扭曲和变形。言论自由既是个人的，又是政治的；言论自由使新闻媒体承担了民主的使命。②

凯斯·桑斯坦的《网络共和国》一书提醒我们，应该对互联网及其对言论自由、观念市场和民主制度的影响投入更多关心。互联网是一种可以有效保存上述价值并加以发扬光大的方法，但互联网也潜藏着破坏上述价值的能力。桑斯坦认为：1. 新的科技，特别是网络，会增强人们听到自己回音的能力，让自己与他人隔绝。这种趋势将加速社会的分裂，同时不同的群体也将逐渐走向极端化，进而产生极端主义、仇恨和暴力；2. 在每个人都"量身定制"自己的信息世界时，太少信息供人们选择，或者个人选择时会忽略社会公益；3. 自由被曲解，自由在"消费者主权"原则下被理解为自由就是满足个人喜好，自由就是一种毫无限制的个人选择，这显然有悖于当代言论自由的观点。总之，全社会缺乏共同分享的信息，人们没有一定程度的共同经验，形成不了社会粘性。这时，政府必须积极监管言论，让人们都能接触到各种信息，培养人们成为自治、理性、充满政治热情的公民。③ 总之，自由不是自生自发的秩序，而是需要政府配置的权利。④ 自由的社群主义色彩日趋

① 蒋余浩：《民主国家言论自由的问题：一个读书札记》，载《中外法学》，2006 年第 3 期。

② ［美］欧文·M. 费斯：《言论自由的反讽》，刘擎、殷莹译，新星出版社 2005 年版。

③ ［美］凯斯·桑斯坦：《网络共和国：网络社会中的民主问题》，黄维明译，上海人民出版社 2003 年版。

④ ［美］史蒂芬·霍尔姆斯、凯斯·桑斯坦：《权利的成本——为什么自由依赖于税》，毕竟悦译，北京大学出版社 2011 年版。

显著。

（二）三大国际人权典章中的新闻自由

随着大众传媒在社会生活中扮演的角色日益重要，人们越发认识到新闻传播法治之须臾不可无；加之，我国是大陆法系国家，重要的领域应该有成文法赋权与限权，因此，人们很自然地翘首企盼我国以传媒立法为核心的传媒法制建设更上层楼。

但是，传媒立法又是十分繁难的事。魏永征曾提出，在我国现行新闻体制下，制定新闻法存在难以解决的五组矛盾：法的刚性和意识形态的弹性的矛盾；新闻媒介表达功能与社会控制功能的矛盾；权利的普遍性和权力的等级性的矛盾；法的稳定性和舆论导向的随机性的矛盾；依法行政和随机调控的矛盾。① 牛静详细地分析了魏永征的“五组立法难题”后发现，其矛盾的一方是“党对媒体的控制权力”，另一方是“传媒法治与新闻自由”，五组矛盾的实质是党领导媒体与新闻自由之间的矛盾。在此基础上，牛静归纳道，我国传媒立法的难点主要集中在新闻自由、媒体创办和媒体批评（舆论监督）等方面。② 相类似地，张晶晶也认为，基于实现新闻传播立法的需求，我们必须首先从思想上和理论上切实澄清三个问题：新闻自由是谁的自由；谁可以办报；当采访报道遭遇国家公权力，如何协调。③

普遍的观点都认可，新闻法的核心问题是，如何平衡保护新闻自由权利和防止滥用新闻自由行为之间的关系，其关键词是：新闻自由。依据此说，并综合以上研究者的看法，笔者认为，如何措置新闻自由的确是我国传媒法制建设的困难所在，而且，困难还不只在于如何处理新闻自由引发的相关矛盾上，还在于如何纠正对新闻自由的主体、功能、性

---

① 魏永征：《新闻传播法教程》，中国人民大学出版社 2002 年版，第 22 页。
② 牛静：《媒体权利的保障与约束研究》，华中科技大学出版社 2004 年版，第 26 页。
③ 张晶晶：《为什么我们没有“新闻法”》，载《政法论丛》2014 年第 1 期。

质等根深蒂固的偏识上。

为了便于对比认识我国流行的自由观念，在此先行将世界上最有影响的三个国际人权典章中的新闻自由条款罗列出来并作简要分析。

《世界人权宣言》是联合国大会于1948年12月10日通过的一份旨在维护人类基本权利的文献。该《宣言》并非强制性的国际公约，但是它为之后的两份具有强制性的联合国人权公约《经济、社会及文化权利国际公约》《公民权利和政治权利国际公约》做了铺垫。《世界人权宣言》第19条内容如下："人人有权享有主张和发表意见的自由；此项权利包括持有主张而不受干涉的自由，和通过任何媒介和不论国界寻求、接受和传递消息和思想的自由。"新闻自由在联合国审议之初就被视为个人权利而获采纳，这种自由不问目的，也不言限制，可以在任何空间、以任何媒介实现之，而且可以以积极的姿态去"寻求"消息和思想，进而持有之或表达之。

1950年11月4日，欧洲理事会在罗马签署了《欧洲人权公约》，并于1953年9月3日生效。它将"新闻自由"置于第10条："（一）人人享有表达自由的权利。此项权利应当包括持有主张的自由，以及在不受公共机构干预和不分国界的情况下，接受和传播信息和思想的自由。本条不得阻止各国对广播、电视、电影等企业规定许可证制度。（二）行使上述各项自由，因为负有义务和责任，必须接受法律所规定的和民主社会所必需的程式、条件、限制或者是惩罚的约束。这些约束是基于对国家安全、领土完整或者公共安全的利益，为了防止混乱或者犯罪，保护健康或者道德，为了保护他人的名誉或者权利，为了防止秘密情报的泄漏，或者为了维护司法的权威与公正的因素的考虑。"比之于《世界人权宣言》，本《公约》删除了积极"寻求"信息和思想的权利，认可各国电子媒体管理的许可证制度，增加了六个方面的限制内容，着意注明“新闻自由”不受公共机构的干预而非不受政府的干涉。①

1966 年，联合国在《世界人权宣言》的基础上通过了《公民权利和政治权利国际公约》。其中第 19 条说：“（一）人人有权持有主张，不受干涉。（二）人人有自由发表意见的权利；此项权利包括寻求、接受和传递各种消息和思想的自由，而不论国界，也不论口头的、书写的、印刷的、采取艺术形式的，或通过他所选择的任何其他媒介。（三）本条第二款所规定的权利的行使带有特殊的义务和责任，因此得受某些限制，但这些限制只应由法律规定并为下列条件所必需：（1）尊重他人的权利或名誉；（2）保障国家安全或公共秩序，或公共卫生或道德。”相比于《欧洲人权公约》，该《国际公约》重新肯定了《世界人权宣言》中个人“寻求”消息和思想的权利；在限制性内容中则减去了犯罪、泄密和干涉司法公正的事项，因为防止犯罪太过宽泛，防止泄密与积极“寻求”信息有冲突，而新闻报道与司法独立的关系又太复杂；也删去了“不受公共机构干预”的表述，可能因为如此点名太过具体，而对媒体的干涉不只来自国家和政府，也不只来自其他公权力部门，如果这么明言，首先忽视了经济实体的干预，于公共部门不公平；其次表明“新闻自由”似乎只是针对特定对象而言，窄化了其功能。但不管怎样变化，三大国际人权典章都强调，新闻自由是一种法律权利，其主体是具体的每一个个体（everyone）。

---

① 据台湾学者披露：“1950 年联合国第三委员会审议人权公约时曾为是否保留草案‘不受’政府行动‘干涉’的部分进行讨论，最后因多数国家认为对媒体的干涉不只来自国家而决定删除。然而，欧洲诸国显然认为此一声明有其必要性，故在第一项第二段即明言‘不受公部门干预’。”杨秀菁：《冷战时期国际人权典章中的新闻自由》，载《新闻学研究》（台北），2014 年夏。

二、中国“新闻自由”概念的“政治术语”属性

（一）中国人的自由观念及相关比较

1. 中国人的“自由”观念流变

要讨论新闻自由，必须首先将其纳入宏观的“自由”之中思考。

中国传媒法制建设曲曲折折，个中原因多有，有政治、经济、社会、观念等方方面面的屏障，如，既有与现存体制相冲突的担忧，也有与现有法律不协调的规避，更有不能形之于外的观念性屏障。但是其中归根结底是观念性屏障，因为体制和法律是意识形态的表现或结晶，而意识形态都受观念影响。观念对于人类文明的重要性，以赛亚·伯林有过很好的强调：“当观念被那些理应对其保持关注的人——也就是那些受到训练能够对观念进行批判性检查的人——忽视的时候，它们便可能获得一种未被制约的动力，对无数变得太激烈以致不受理性批判影响的人产生无法抵挡的力量。约一百年前，德国诗人海涅提醒法国人，不要轻视观念的影响力：教授在沉静的研究中所培育出来的哲学概念可能摧毁一个文明。”① 人是观念的动物，观念支配行动，观念就是行动；文明的秩序正是建立在一系列的观念基础之上；观念可以影响和塑造历史，好的观念带来好的历史与现实。就本书而言，影响中国传媒法制文明的是那些根蒂性观念，其中必然包括国人的自由观念。

中国人最早使用“自由”一词的是东汉人郑玄（公元 127 - 200 年），他在《礼记注》里三处用到了“自由”。

第一处是，《礼记》说：“帷薄之外不趋。”郑玄注：“不见尊者，行自由，不为容也。”《礼记》的大意是：在帷薄的外面，不需要谦恭地、小步地行走。郑注的大意是：见到尊敬的人之前（即，在帷薄之

---

① ［英］以赛亚·伯林：《自由论》，胡传胜译，译林出版社 2011 年版，第 168 页。

外时)，应当自如地行走，不必做出谦恭的姿态。

第二处是，《礼记》说：“请见不请退。”郑玄注：“去止不敢自由。”《礼记》的意思是：见面前要提出请求，见面时不能主动要求退出。郑注意即：是去是留不能随意，要听从尊者的安排。

郑玄注第三处用到“自由”的是关于肉食的干湿的，他说：“欲濡欲干，人自由也。”即，肉食做得软还是硬，每个人可以自己做主。

综上，中文里的“自由”的最早的意思就是：自己做主。有学者结合上述第一、二例“自由”使用的语境，即帷薄内、外的区别，说，当人们没有与他人产生关系时是自由的，而一旦与他人有关了、进入礼义制度范围之内了，就不自由了。所以，“传统中文里的自由是一种无关系的自由，因为这种自由发生在制度的规定之外，不涉及人与人之间的关系，不涉及安排人际关系的人伦秩序。这种无关对象或他者的自由，与庄子的逍遥游有点类似”，自由是一个人的自得自在。在中国，自由天生地与制度不相容：制度里不自由，自由排斥制度，自由一旦“社会化”就只能是否定性的，是违背制度的，即是“放肆”“淫佚”“不法”“无礼”的，是贬义的。[①] 这种自由观在清末民初报刊上的表现就是，舆论放言无忌，肆意批评当局，互相攻伐倾轧。无度造成无序，矛盾激化在所难免。无序的自由导致极端的压制，以致民初的报刊在桎梏中不敢言及时政，思想、言论、出版自由须借助风月游戏文字。[②]

有论者说，“自由”的词义到了近代思想家严复手里，才有了转化。他用“群己权界”来翻译“自由”，表明“自由”已经不是个人疏离社会的恣意妄为，而是社会团体生活中的权利（力）的界限问题。[③] 不过，严复的“自由”还远非主张公民个人基本权利的现代意义的自

---

① 陈静：《自由的含义：中文背景下的古今差别》，载《哲学研究》2012 年第 11 期。

② 桑兵：《民初“自由”报刊的自由观》，载《近代史研究》2010 年第 6 期。

③ 陈静：《自由的含义：中文背景下的古今差别》，载《哲学研究》2012 年第 11 期。

由。到他这里，自由从避让社会的逍遥游之极端，走向了完全服务于社会的另一极端。

在19世纪中叶，翻译自由概念的时候，正是西方许多国家探讨和实行立宪政治的时期。国人本着“中体西用”的原则，对西方的这种上下沟通的方便快捷的议会制度情有独钟，而对该制度的自由思想基础疏于了解。为清末政治维新计，当时的思想界代表人物，基本上将自由与民主进行对接。殊不知，自由与民主在西方是有霄壤之别的，一个以个人主义为基础，而另一个是集体主义的。[①]

严复在《原强》一文中写道：“自其（西洋）自由平等观之，则捐忌讳，去烦苛，决壅敝，人人得以行其意，申其言，上下之势不相悬，君不甚尊，民不甚贱，而联若一体者，是无法之胜也……推求其故，盖彼以自由为体，以民主为用。”[②] 由于西方“贵自由”而东方“首尊亲”，结果则有绝大的不同：“西之教平等，故以公治众而贵自由。自由，故贵信果。东之教立纲，故以孝治天下而首尊亲。尊亲，故薄信果。然其流弊之极，至于怀诈相欺，上下相遁，则忠孝之所存，转不若贵信果者之多也。”[③] 严复的论述实际上隐含着一个逻辑推断，即西方之强在于“自由”，中国战败则在于“不自由”。而他眼中的“自由”实乃“民主”。

严复在涉及国家整体自由和个人自由的问题上，总是以国家自由为重，出现矛盾时主张牺牲个人自由。严复的自由主义观只是工具性的，是他追求富强的一种工具。美国学者史华慈（Schwartz）认为：“如果密尔的著作中，个人自由经常被看作一种目的，那么，在严复的译作

① 章清：《“国家”与“个人”之间——略论晚清中国对“自由”的阐述》，载《史林》2007年第3期。

② 严复：《原强》，见王栻主编《严复集》第1册，中华书局1986年版，第11页。

③ 严复：《〈原强〉修订稿》，见王栻主编《严复集》第1册，中华书局1986年版，第31页。

中，个人自由则成为提高民德和民智，并最终为国家目的服务的一种手段。"① 台湾学者黄克武指出，严复和密尔对"群己权界"的"界"的认识和"界内"个人自由的扩展持不同意见，密尔的"界"并非其重点，重点在界"内"自由要尽可能地扩展，而严复所看重的是"界"的观念，他引进西方自由观念最重要的意义是让国人了解群己之间以"界"为基础之平衡关系，从而希望告诫人们不可在"自由"口号的掩盖下胡作非为，失去秩序，这也体现了他的自由主义观点在中国环境下的妥协和折中。②

梁启超认为："自由者，天下之公理，人生之要具，无往而不适用者也。"但自由"有真自由，有伪自由；有全自由，有偏自由；有文明之自由，有野蛮之自由"。梁氏所认为的真自由是指"人人自由，而以不侵人之自由为界"。其所非的自由是"以逸游淫荡抉去礼防为自由"，那是伪自由；其所爱的自由是"法律内享有自由"，如财产自由、言论集会自由、通信行旅自由、住居自由、生命自由、良心自由等。他还说："自由云者，团体之自由，非个人之自由也。"换言之，人生于团体之中，必有所限制。"野蛮时代个人之自由胜，而团体之自由亡；文明时代团体之自由强，而个人之自由减。"两者之间存在着一定的比例。"团体自由者，个人自由之积也。人不能离团体而自生存，团体不保其自由，则将有他团焉自外而侵之压之夺之，则个人之自由更何有也?"③ 梁启超将自由分为文明的自由和野蛮的自由，是他的理论贡献。野蛮的自由是缺乏制度保障的、个人的自由，"每个人能力的自由发挥

---

① ［美］本杰明·史华兹：《寻求富强：严复与西方》，叶凤美译，江苏人民出版社1996年版，第114页。

② 黄克武：《自由的所以然：严复对约翰·弥尔自由思想的认识与批判》，上海书店出版社2000年版，第222页以下。

③ 梁启超：《新民说》，见《饮冰室合集·饮冰室专集之四》，中华书局1989年影印版，第40－42页。

往往与自由的滥用相表里，决不能对提高整个社会的能力有什么帮助”;① 而文明的自由要由法律来确定，以协调个人与团体的关系。

大约从1921年春天开始，孙中山在演讲中不断提及“自由”问题。他曾说：自由如果用到个人，就成一片散沙，万不可再用到个人上去，要用到国家上去。他认为革命之所以一再失败，“盖由于当日革命党人多属留学生，自由平等之见深入脑中，以为党员当绝对自由，一切联络维系之办法，弃而不讲，其缺乏即在于此”。“中国人现在因为自由太多，发生自由的毛病”，革命之所以必要，不是为了实现自由，而是为了消除这种过剩的自由。

孙中山对中西文化都有切身的感受，故对“自由”的理解比较深入。从他这一时期的演讲中可就以看出，他反对的是革命过程的个人自由，开启了一个革命者批判“自由”的先例，这种先例预示了一种新的动向，那就是革命者因为屡屡遭受挫折，开始怀疑起“自由”的效用来。他们开始在潜意识里认为“自由”只能破坏革命的合力，必须弃之而后才能成功。这种感受到了中国共产党那里，表现得异常坚定而强烈。② 这里的自由便是一个负面的概念。

有人研究了中国户籍制度后认为，中国的个体化不是那种“个体性的自我实现的主体，甚至也不存在福柯所谓的规训主体”，而是另一种“个体化”，是“一种在集体化了的阶层中和社群中”的“个体化”。③ 黄旦说：“这是一个很有启发性的观点。也就是说，中国式的‘个体’即便存在，也是一种‘集体化了的个体’，总是在对‘集体’

---

① ［日］佐藤慎一：《近代中国的知识分子与文明》，刘岳兵译，江苏人民出版社2008年版，第261页。

② 胡其柱：《“自由”语词的前世今生》，载《寻根》2008年第4期。

③ ［美］迈克尔·R. 达顿：《中国的规制与惩罚——从父权本位到人民本位》，郝方昉等译，清华大学出版社2009年版，第18页。

的依赖关系中才能呈现和被意识。"[①] 黄克武也说："近代中国知识分子从'积私为公'与'合私为公'的角度来肯定个人之私，使公私之间具有高度的互动性与渗透性。因此我们一方面看到'私'的领域，无论是指个人欲望、私有财产或政治、经济方面的权利，逐渐受到更多的尊重，但是'私'在取得自身意义的同时并没有建立一个绝对的独立性。"[②] 早期，严复、梁启超尝试将自由主义和儒家传统与救亡的理想结合在一起；胡适虽然反对"牺牲个人自由以求国家自由"，但还是主张"争你们个人的自由，便是为国家争自由！争你们个人的人格，便是为国家争人格！自由平等的国家不是一群奴才建造得起来的！"[③] 即，自由里的个人因素要融合到社会、国家中去才是正途。

总之，中国的自由主要有如下几个层面的内涵，一是自己做主，二是无约束、无秩序，三是以民主之途实现国家富强。自由的个人主义特质要么表现为负价值，要么就得遁形于集体之中。

2. 中西自由观的人性论、认识论基础

无论是作为功利主义的自由还是个人意志的自由，都必须有引发、延伸之的人性论、认识论作基础。

亚里士多德对人性的认识是异常清醒的，有一种"人性本恶"倾向。基于此，他不敢对人类的本性提出过高的要求，而是指出："正如当人完成为人的时候，人才是最好的动物一样，当脱离法律和裁决的时候，人就是最坏的动物。"[④] 亚里士多德认为，人的恶劣性主要是人性

---

① 黄旦：《耳目喉舌：旧知识与新交往——基于戊戌变法前后报刊的考察》，载《学术月刊》2012 年第 11 期。

② 黄克武：《近代中国的自由主义：缘起与衍变》，见郑大华、邹小站、邹东涛主编：《中国近代史上的自由主义——"自由主义与近代中国（1840－1949）"学术研讨会论文集》，社会科学文献出版社 2008 年版，第 27－43 页。

③ 转引自丘为君：《权威与自由：自由主义在近代中国的历程》，载香港《二十一世纪》2001 年第 67 期。

④ 转引自［美］列奥·斯特劳斯、约瑟夫·科罗波西《政治哲学史（上）》，李天然等译，河北人民出版社 1993 年版，第 148 页。

中所包含的欲望与兽性共同引起的，因此，在社会中，人类必须通过制定法律来进行有效的教育，达到引导和控制欲望的目的。这表明，亚里士多德的法治思想正是以他的人性论为理论基础的。

基督教对自由主义的贡献是多方面的，而它的“人性本恶”论无疑是最重要的贡献之一。它的“原罪”观念认为，每个人都有“幽暗”的一面，都是会堕落的，如要共同地在一起生活，就需要以“政府分权，互相制衡”的原则来防止人们自私自利、滥用权力。这种“幽暗意识”从16、17世纪英国的加尔文教派到18世纪美国的贡斯当、汉密尔顿、麦迪逊，再到19世纪英国的阿克顿爵士，一路传承有绪。对此，台湾张灏所撰《幽暗意识与民主传统》一书，有很深刻的阐述。① 另有学者认为，性恶论与法治的关系以及对法治的意义可从以下几个方面来考察。首先，性恶论作为一种人性终极判断，断然否定了“圣贤”或“哲学王”等好人救世的价值基础，为“法律的统治”腾出了理论的逻辑场域。其次，性恶论对人性的根本否定，对形而上学的“法”的提升，二者在理论上相互关照，为法治展示了必要的价值基础。最后，性恶论为政治社会确立权力制约机制的必要性和“法高于权”的关系提供了本质上的支持。②

除了悲观主义的人性论外，西方的自由主义因受实证主义影响，也有强烈的悲观主义认识论色彩。实证主义强调人类对世界的认知有两种，即实然与应然。实证主义者认为我们可以掌握实然的真理，但对于应然的真理则不容易找到共识。西方从英国学者休谟开始建立起怀疑主义的传统。苏格兰哲学家休谟（Hume）在其代表作《人性论》里考察的是人们在日常的学习生活当中因果关系的产生过程，考察的结论是，人们日常使用的因果关系的原则不能用理性证明其客观必然性，更谈不上证明其有普世性。他认为，因果关系是人们经过长期的经验积累把近

① 张灏：《幽暗意识与民主传统》，新星出版社2010年版，第22页以下。

② 里赞：《“人性恶”与法治——一个形而上学的视角》，载《现代法学》2001年第3期。

似关系和接续关系想当然地认为是因果关系，并把前者称为原因，把后者称为结果。人的这种习惯性联想符合人类理性终极目标的要求，但是考察表明，因果关系只是人们的一种联想罢了，其客观必然性是不能由理性给予充分的证明的。这种以为人们无法用理性来证明客观常识的理路，即是悲观主义认识论的重要表现。由于对应然真理产生彷徨，所以每个人都有表达自己意见的权利，也要容忍他人发表不同言论，这正是自由主义主张思想多元和包容异己的心态基础。简言之，在我们碰到规范性议题时，通常要问"真理是什么"，而真理并非清澈透明，尤其是德性论题常有灰色的模糊地带，所以西方自由主义主张多元、容忍。①而这种多元、容忍，上升到国家治理层面就是主张以宪政、民主安邦治国，将以自由精神为内核的法律制度作为守土固邦的战略储备。

再来看中国。如果说西方的自由民主传统是奠立在两种悲观主义之上的话，近代中国从西方所引进的这些思想则主要奠基于我国传统的两种乐观主义之上：人性论的乐观主义和知识论的乐观主义。② 我国古代儒家代表人物基本上都持人性善的态度，其中最早且最明确的是孟子："人之性善也，犹水之就下也，人无有不善，水无有不下。"（《孟子·告子上》）"仁义礼智，非由外铄我也，我固有之也。"（《孟子·告子上》）宋代大理学家朱熹兼采释、道各家思想，形成了一个庞大的哲学体系。这一体系的核心范畴是"理"，或称"道""太极"。朱熹所谓的理，在人身上就是人性，"理则无有不善"。（《朱子语类》卷87）明代大儒王阳明则说："心也，性也，天也，一也"，"然心之本体，则性也"。"性无不善，则心之本体，本无不正也。"（《传习录》）诚如张灏先生所指出的，从轴心时代开始，"儒家并无根本恶（radical evil）的

① 黄克武：《近代中国的自由主义：缘起与衍变》，见郑大华、邹小站、邹东涛主编《中国近代史上的自由主义——"自由主义与近代中国（1840－1949）"学术研讨会论文集》，社会科学文献出版社2008年版，第27－43页。

② 黄克武：《近代中国转型时代的民主观念》，见许纪霖、宋宏编《现代中国思想的核心观念》，上海人民出版社2011年版，第461－480页。

想法，它相信本质会在恶被彻底根除后朗现"。① 即使提倡性恶论的荀子，其悲观色彩也被其乐观主义的认识论所消弭。（详下文）"性恶既是可以克服的，就表示荀子仍是抱持一种相当乐观的人性论。"② 当然，如此说，并不意味着中国人没有幽暗意识。"生于忧患，死于安乐"一直是中国知识分子的座右铭。但是，这种忧患意识是功能性，而不是本质上的；是对家国安定、富足的经验层面的担忧，而不是对人性固有缺陷的形而上的警惕。就如张灏所说："儒家思想一味乐观，对于生命的缺陷和人世的遗憾全无感受和警觉。""儒家的幽暗意识，在这一点上，始终没有淹没它基本的乐观精神。不论成德的过程是多么的艰难，人仍有体现至善、变成完人之可能。"③ 这样的乌托邦思想，极容易与卢梭的自由观念相契合。卢梭认为，根据人民的自由意志，能够推举出英明领袖，从而实现民主政治，体现个人自由、政治权力、知识和道德的"四合一"。"因此以幽暗意识为基础而设计之政治体制，总是让中国思想界难以接受。"④ 哪怕稍稍有多的媒体的舆论监督或批评报道都让政府觉得抹黑了社会，挫败了斗志。

儒家这样的思想，也与马克思的历史理想主义心心相印。这便与中国荀子的乐观主义认识论有关。马克思主义认为，人是有主观能动性的，人类通过其主观能动性能够认识和掌握社会发展的客观规律，成为历史的主人（英雄），并进而推动历史、创造历史。据张灏先生考证，在先秦儒家里面，荀子第一个明白地提出了"圣王"的概念。为什么

---

① 黄克武：《近代中国转型时代的民主观念》，见许纪霖、宋宏编《现代中国思想的核心观念》，上海人民出版社 2011 年版，第 461－480 页。

② 黄克武：《近代中国的自由主义：缘起与衍变》，见郑大华、邹小站、邹东涛主编《中国近代史上的自由主义——"自由主义与近代中国（1840－1949）"学术研讨会论文集》，社会科学文献出版社 2008 年版，第 27－43 页。

③ 张灏：《幽暗意识与民主传统》，新星出版社 2010 年版，第 38、39 页。

④ 黄克武：《近代中国的自由主义：缘起与衍变》，见郑大华、邹小站、邹东涛主编《中国近代史上的自由主义——"自由主义与近代中国（1840－1949）"学术研讨会论文集》，社会科学文献出版社 2008 年版，第 27－43 页。

是荀子首先提出这一名词，而不是主张性善说的孟子？按照张灏先生的研究，荀子不光有“性论”分析，还有更详尽的“心论”分析。荀子认为，心的主要功能是“知能”，人虽无先天内在的德性，却可以通过“知能”的学习，吸收外在的礼仪规范，“化性起伪”。除了“闻见”知性（学习知性）外，荀子也强调精神的知性，也就是“养心”的重要性，要通过“虚一而静”的心去“体道”。不论是哪一个层面的“知性”，他都认为有成圣的可能，即变成圣王的可能。[①] 由此，很顺理成章地，中国的自由主义具有十分浓厚的精英主义色彩，而这个精英就是道德精英：“君子之德风，小人之德草，草上之风必偃”（《论语·颜渊》），个人道德影响一片，具有率先垂范的作用，“让德性和智慧来指导和驾驭政治权力”，“政治权力可由内在德性的培养去转化，而非由外在制度的建立去防范”，[②]“德治”成为几千年来中国人的不二之选。而且“成圣”“成王”的精英思想日益促生权力的绝对化，“圣王”的德性崇高需要不平等的地位来明示。如此，权力和“礼”排挤了法律，自古以来中国就缺少法治文明。

3. 自由性质的分别：权利的自由 VS. 精神的自由、集体的自由

张佛泉在《自由与人权》中将自由分为两种指称，一是指政治方面的保障，是“作权利解的自由”“基本人权”“权利学说和制度”等；二是指人之内心生活的某种状态，是“作内心自由生活解的自由”“内心自由”等。当代西方学者不主张第二种自由。阿伦特（Hannah Arendt）说：“我们首先是在与他人的交往中，而不是在与自我交往中，意识到了自由与自由的对立面。在自由成为一种思想属性或意志品格之前，它被理解为自由人的身份，这种身份能让他自由迁徙，走出家门进

① 张灏：《幽暗意识与民主传统》，新星出版社 2010 年版，第 61 页。
② 张灏：《幽暗意识与民主传统》，新星出版社 2010 年版，第 39 页。

入世界，在那里用言辞和行动与他人相遇。”“自由不是一种意志现象”。[①] 第一种自由的确切意义就是：诸权利即诸自由，自由就等于权利。从17、18世纪时始，直到现在，“自由”一词常常被用为“权利”的同义词，或被用以概括一切已有的权利。这种权利是具体的，可以列举的。所以自由不只是纸上的权利，还是一种实际的保证制度。[②] 基本权利具有二重性：它一面是现实，一面是法律准则。就其已“器化”（即“工具化”）来说，基本权利即为现实，就其尚待充实而言，基本权利即为法律准则。[③]

自由的基本权利说与个性主义主张有着天然的联系。格雷（J. Gray）在《自由主义》一书中标示出自由主义的四个特征是：个体主义、平等主义、普同主义（普世主义）、淑世主义（改善主义）。其中，个体主义这一特征是整个自由主义思想的核心观念。因此，可以简单地这么说，自由主义就是一种以个体主义为根本特征的社会价值观及与此相适应的一套社会政治思想。[④] 西方自由主义者主张，自由体现于政治、经济与思想的“市场”之中，通过三个市场中的制度制衡来保障个人的选择和发展。密尔由此认为，受法律保护的个性的充分发展乃自由之根本所在。

如果说西方自由传统取径于基本权利的法律保护，那么，中国传统对于自由的认识则基本上在精神层面上思考。张东荪认为，在一切自由之中，精神的自由是最根本的。[⑤] 1948年，胡适曾批评“中国古人太看重‘自己’，‘自然’中的‘自’字，所以往往看轻外面的拘束力量，

---

① ［美］汉娜·阿伦特：《过去与未来之间》，王寅立、张立立译，译林出版社2011年版，第141、143页。

② 张佛泉：《自由与权利：宪政的中国言说》，清华大学出版社2010年版，第433页以下。“诸权利”“诸自由”即英文“权利”“自由”的复数概念。

③ 张佛泉：《自由与权利：宪政的中国言说》，清华大学出版社2010年版，第504页。

④ 转引自胡伟希《理性的误区：二十世纪中国的自由主义》，载《学术月刊》1992年第4期。

⑤ 萧乾：《自由主义者的信念》，载《大公报》（上海版）1948年1月8日。

故意回到自己内心去求安慰，求自由。”① 张佛泉也说：“在我国传统中‘自由’终不成法律名词。第二指称下的自由观念，吾人则可谓早已有之。”《论语》、《中庸》、《大学》、佛教禅宗里的“自由”都是指内心生活中的“自由自得”的精神境界、“自由自在”的精神状态或伦理原则。② 张氏没有提及《庄子》，其实《庄子》的“逍遥游”更是古人挣脱外在物役、实现心理超脱的极致表现。道家的无所规范、无拘无束，很能体现一般中国人对自由的理解。“这与西方近代那种法治下的自由相距何止千里，难怪孙中山一起抱怨中国人过于自由，一盘散沙。”这种自由，到晚清转化为“冲击网罗”的个人解放诉求，在“五四”则发展为无政府主义的浪漫思潮。③ 近代名人章太炎的一次著名举动很能看出当时人的自由观念。

在我国近代的新闻自由斗争中，最有兴味的事是南京临时政府撤销《民国暂行报律》事件。该报律约法三章的内容是有关新闻杂志出版注册、煽动危害国家安全、失实侵害公民名誉的事项。即使放在今天来看，它们也是应该入“法”的。章太炎却对报律大加挞伐，所持理由是：1. 美国、法国没有所谓的报律；2. 民国政府的法律百废待兴，却单单指定报律；3. 立法权在国会，不在内务部；4. 有关条文过于粗略，如第二、三章的“应得之罪”“弊害”“名誉”等没有确定界限；5. 第一章的未呈报则不准发行过于严苛。④ 细细对比检视该报律，除第三条和第五条理由说得过去外，其余的都是错误的理由或过高的要求。美法两国都是宪政国家，言论自由早已入宪，而且美国以判例法为传统，没有报律乃是正常；在特殊时期，新闻的作用巨大，新闻就是政治，所以

---

① 欧阳哲生主编：《胡适文集》(12)，北京大学出版社 1998 年版，第 805 页。

② 张佛泉：《自由与权利：宪政的中国言说》，清华大学出版社 2010 年版，第 446 页。

③ 许纪霖：《大我的消解：现代中国个人主义思潮的变迁》，载《中国社会科学辑刊》总 26 期，复旦大学出版社 2010 年版。

④ 章炳麟：《却还内务部所定报律议》，见张之华主编《中国新闻事业史文选》，中国人民大学出版社 1999 年版，第 74 页以下。

民国政府单单指定报律也是适时且无奈之举；至于章太炎要求报律在言及“名誉”时要明确区分新闻侵犯公民名誉的法律之责与道德之责，这已经是绕进了法学中的一个亘古的话题，小小报律岂能解决得了？寻绎章太炎这次行为的根源，恐怕是因为其抱持一个“（新闻）自由”就是放任不管的心态，从而对法律存有恐惧与偏见。因为根据当时的实情和在当时的人们看来，任何法律都是统治阶级的意志的体现，法律与政治是名二实一的概念，法律就是统制。这自然与章氏所认定的“自由”就是自我解放、意志自主的人格，存在内在的紧张。他必然要反对包括这一制度在内的所有的法律制度。于是，“新闻自由就是反对外在控制”自然被换算成“新闻自由就是反对（实现统治者意志的）法律”。他不知道自由与法律之间的本真关系。最后，孙中山接受了章太炎的观点，为了不“使议者疑满清钳制舆论之恶政，复见于今”，明令撤销报律。

中国知识分子的回到内心毕竟没有像道家那样走得太远，而是最终返回到现实中来。因为儒家所持的自由观念的内核是建立在道德基础上的意志自由，即以陆王心学的“为人由己”（道德自主）来衔接康德的意志自由。比如，20 世纪的新儒家就极力主张将“道德自主性”融入“自由”当中，以道德的“内圣”充实民主、宪政的“外王”。如此，很容易地将个体意志的“自由”对接上了集体主义的“自由”。严复在翻译《群己权界论》时，由于中国传统语汇里没有与“个性”“个体”相对等的词，就以“特操”一词置换之。“特操”既有个别的含义，又有儒家所主张的道德内涵，即，“民少特操，其国必衰”[①]。梁启超在《新民说》中指出：“文明自由者，自由于法律之下。”权利与权利相较，产生新法律。但是，他接着又说，法律不是事先制定的规范，而是出自于人人心中的良知，这种良知“保我自由而亦不侵人自由”，法律

① 密尔：《群己权界论》，严复译，商务印书馆 1981 年版，第 68 页注。

上的自我治理形同于伦理上的自我克制。因此有论者说："他的法律自治主张因此很容易从原先以保障个人自由为要旨，转成为以争取群利（遂可能箝制个人自由）为目的；他所理解的法律重要性也常常落在维系群体生活的秩序这一要求上，……简而言之，梁启超这里所指出法律的意义，已经从限制个人以求他人自由的保障，转成为限制个人以求群体的利益。"① 就连新自由主义的代表人物胡适都对个体主义的个人自由观念心怀警惕，表示要反对"独善的个人主义"，进而提倡过一种立志于社会改造的"非个人主义的新生活"。②

张灏认为，从20世纪转型时代初期到五四时期，国民的个人自觉意识突现。其表现为两方面，一是讲自由、服膺自由，二是极端的人本意识。但是，这种个人观念立刻被激化。就"自由"而言，其激化表现也有二：一是自由观念被群体意识所渗透而时有集体主义的倾向，二是时人的精神自由观把个人自由与人格独立、自尊、自任、自立混为一谈。"精神我"是"大我"，"躯体我"是"小我"。"精神自由落实地讲，常常就是群体自由应该放在第一位，而个人自由应该入在第二位的意思。"③ 奥克萧特指出，集体主义的道德观，"偏好'安全'胜于'自由'，偏好'团结'胜于'进取'，偏好'平等'胜于'自主'，每一个人都是'社会'的债务人，他们欠了社会永远无法偿还的债，社会因此也成了他们必须'集体'承担义务的一种象征"。④ 于是，有论者说，毛泽东时代的集体主义要求，"大我之下没有小我，个人的欲望与利益甚至成为一种原罪"。⑤ 这样，自由便与政治产生了紧密的瓜葛。

---

① 杨贞德：《自由与自治——梁启超政治思想中的转折》，载香港《二十一世纪》2004年第84期。

② 胡适：《非个人主义的新生活》，载《新潮》1920年第2卷第3号。

③ 张灏：《幽暗意识与民主传统》，新星出版社2010年版，第249页。

④ ［英］迈克尔·奥克萧特：《哈佛讲演录：近代欧洲的道德与政治》，顾枚译，上海文艺出版社2003年版，第28页。

⑤ 许纪霖：《大我的消解：现代中国个人主义思潮的变迁》，载《中国社会科学辑刊》总26期，复旦大学出版社2010年版。

（二）新闻自由、言论自由的主体之辨

2008年7月3日，就网友普遍关注的为何中国没有《新闻法》，原国家新闻出版总署署长柳斌杰在接受人民网强国论坛访谈时说："世界上多数国家也没有《新闻法》，为什么？新闻立法的难度是很大的。你是保护公众的新闻自由、保护新闻工作者的新闻自由还是保护当事者的新闻自由，这个角度是很难选的。"① 这就道出了传媒法制建设的前提性问题：新闻自由的主体是谁？

传播学著名学者陈力丹认为，在西方，传媒的体制基本是私营，因而传媒是商业的一部分，而且是一种对社会产生巨大精神影响的产业。媒体的新闻自由的主体是谁？根据商业运转的规则，新闻自由的主体只能是传媒的老板。在传媒工作的人，哪怕是总编辑、总经理，其工作性质都是为老板打工，贯彻老板的意志的。记者、编辑需要保护的只是自己的言论自由权，而不是新闻自由权。中国与西方国家不一样，新闻自由的主体是"居民"，上升到国家层面便是公民，这可以从我国《宪法》第35条规定得知。因为主体不一样，西方国家的新闻自由与言论自由之间存在着固有的矛盾，因此，不少学者对此提出了批评。② 从上文推断，在作者心目中，新闻自由与言论自由是不同的；西方的新闻自由与中国的新闻自由也不同；新闻自由的主体至少存在如下几种相区别的对象：新闻媒体所有者、新闻从业者、公民。

新闻自由到底是谁的自由？新闻自由的主体是普适固定的，还是会因为国情不同而有区别的？

笔者的观点是，新闻自由的最终主体是、且只能是公民，中外皆然。新闻工作者的采访、编辑自由只是作为公民权利受托方在满足公民

① 《柳斌杰谈"中国为何没有〈新闻法〉"》，http://media.people.com.cn/GB/120837/7466392.html（访问时间：2008年7月3日）。

② 陈力丹：《西方新闻自由与言论自由的固有矛盾》，载《新闻大学》2008年第3期。

的知情权利，他们的自由归根结底是公民的自由；新闻媒体也能够享有新闻自由，成为主体，但同样也是受公民所托，作为与公民一样的法律主体——法人——在享有权利；新闻传播活动的相对方，即新闻当事人的免受新闻传播伤害的权利是公民的人身权利或财产权利，而非新闻自由权利；只有当主体被异化后，才导致西方新闻自由的主体变成了媒体所有者，此时的“新闻自由”已经不是新闻自由了。

言论自由有广义、中义、狭义之分。广义是指表达自由，包括艺术表现自由，不包括游行、结社、集会自由。中义是指口头和书面表达的自由，包括出版自由。狭义是指口语表达思想、意见的自由。与新闻自由同时并举的言论自由指的是其狭义层面含义，即谈话自由、演讲自由、讲学自由，显著特征是口语性。新闻自由与言论自由的区别在：载体不同；主体在相同中有不同，一是公民和法人，一是自然人。作为新闻自由的主体常常表现为个人，也常常表现为媒体，但他或它都要有集体诉求、代表公共利益，而不像言论自由主体那样可以只代表一己之利。个人言论如果关涉公益，诉诸媒体，基于事实真相进行表达，就是新闻自由的问题了，其个人也就不再只是个人，而是公民了。

记者因个人言论而被老板解雇不是言论自由与新闻自由的固有矛盾所致（如上所述，两者之间本来就不存在所谓的固有矛盾），而是记者言论中的倾向性与老板的一己之利的冲突，因为老板为了获得外来支持必须保证报道的“政治正确性”。因此，从根本上而言，是两个不同个体的观念之间的冲突，形之于外就是言论间的冲突。这恰是以个人之见和一己之利伤害了新闻自由，即记者的主观偏颇和老板的事实至上的新闻理念的缺失导致了矛盾升级。正确的做法是，记者应该写出全面准确的报道，老板应该以报道的事实失据或记者将个人立场带入报道来处罚员工，而不是以与媒体的立场或价值观不同为由解雇员工。我们不能将媒体老板看作是新闻自由的主体，更不能将西方媒体老板的做法看作是西方新闻自由的本质，不是西方新闻自由伤害了个人的言论自由，而是罔顾事实的个人意见之间的互相伤害。

新闻自由和言论自由都需要保护，但保护二者所基于的目的不一样。保护新闻自由的目的是实现公共利益，即以探明真相为手段去实现公益；保护言论自由的目的与追求真理无关，它只有一个目的，即保证每个人能够发出自己的声音，保证这个世界永远有不同的声音，不希望到了某一天，人们只发出一种声音，哪怕是公认的“真理之声”。所以，言论自由更宽松，新闻自由有限制，故需要法律，新闻自由是一个法律概念。

接下来的是，西方的新闻界是如何对抗新闻自由的主体异化为媒体所有者这一现象的呢？于此，新闻自由与内部新闻自由的关系有待破解。新闻自由的相对方是政府、财团、既得利益者、采访报道对象等。而内部新闻自由是相对媒体老板和媒体所有者而言的新闻从业人员的报道权、编辑权。西方学者提出内部新闻自由的概念以抗争媒体管理者、所有者的行政权力。内部新闻自由是新闻自由的具体体现，既保护的是新闻自由，也是对个人言论自由的维护。媒体老板不能因为记者、编辑的业务言论忤逆于己而滥用淫威。这样，新闻自由与言论自由重叠了。这再次证明了新闻自由与言论自由没有固有矛盾，双方主体可以合而为一。

如果将新闻自由的主体定为新闻媒体、媒体所有者或新闻工作者，那就会从源头上阻断了许多人的新闻自由权利，就真正变成经典马克思主义者所批判的那样，新闻自由变成了金钱的奴隶（因为只有有了金钱才可能创办媒体），新闻自由变成了新闻从业资格掌控者手中的玩物。新闻自由权利应该是指公民的参与权（包括媒体创办权、接近权）、知情权、表达权（包括自媒体上的表达）、监督权。其中媒体创办权是基础性权利，其他权利是其自然延伸。新闻法首先要解决的就是该权利如何落实，亦即新闻自由的主体如何落实。如，1988 年出台的三个《新闻法》草案的主要不同就是“谁可以办报”。新闻出版署文稿规定："国家机关、政党、社会团体、企事业单位（另一方案还包括其他公民集体），可以申请创办新闻报社、通讯社、新闻期刊社、新闻图片社。"上海文稿规定："国家机关、政党、社会团体、科学教育文化机构及其他取得法人资格的组织均可申请或联合申请出版报刊。"中国社科院新闻研究所"试拟稿"规定："新闻机关的创办，由国家机关、政党机关、社会团体、事业企业组织，以及公民团体进行。报纸、期刊的创办也可由自然人进行。"比较可以看出，中国社科院的文本认为，一般民众和个体都可以创办报刊，这与其他两家的新闻自由的观念差距不可谓不大。

到了新世纪之初，曾经参与上述最后一个《新闻法》"试拟稿"制订的学者孙旭培也只能说：我国的新闻自由以"渐进"为好，"渐进"就是在不断扩大社会主义民主的进程中，逐步提高新闻出版自由度。我们既要树立目标模式，又要考虑过渡模式，即设计出一步一步接近目标的途径、步骤和方法。根据宪法关于公民有言论、出版自由的规定，我们可以确立这样的目标：公民可以从事新闻出版活动。但从过渡模式看，不妨提出：在一些大城市中，可以创办几家有别于机关报的公共报纸，这种报纸不是对某一机关负责，而是对宪法和法律负责。① 其根本想法就是试图扩大新闻媒体的创办主体，逐步落实新闻自由权利。

（三）从自由的功能到新闻自由的功能

1. 自由的两种功能

自由的功能可追溯到自由的两种分类上，即英国学者伯林的"积极自由"与"消极自由"的概念。前者是指"去做……"的自由，"'积极'的含义源于个体成为他自己的主人的愿望"。② 后者"就是

① 柴葳、王永亮：《孙旭培：甘为新闻改革铺路奠基》，http：//www. people. com. cn/GB/14677/22114/31734/31735/2332306. html（访问时间：2014 年 11 月 23 日）。

② ［英］以赛亚·伯林：《自由论》，胡传胜译，译林出版社 2011 年版，第 179 页。

‘免于……’的自由，就是在虽变动不居但永远清晰可辨的那个疆界内不受干涉”。[①] 诚如伯林所说，积极自由的政治观过度强调理性的指导功能，而且这种理性的主体可能被膨胀成某种超人的实体，如国家、阶级、民族等，积极自由总是希望将权威掌握在自己手中，因而自由就会变成操纵者所希望变成的任何东西，从而陷入专制的危险。为免于此，他主张西方自由主义的精义在强调消极自由。前文中，张佛泉对西方自由理念的阐释，其主旨也是在强调国人所忽略的消极自由的内涵。

消极自由不专擅主动出击的功能，而只是“消极”地保护自己的权利不受侵犯。但是，正是这种“无功能”延伸出了自由的“多功能”，“主动担责”越少，“被动受护”越多。正因为此，西方的消极自由日渐从传统的政治自由走向了政治、社会、经济、文化等多重面向的自由。比如在美国，1964 年《纽约时报》诉沙利文案之前，言论自由主要问题是纵向型言论自由问题，政府是言论自由的敌人，主要解决的是言论自由的界限问题。1964 年后，主要解决的是言论自由的横向配置问题。比如淫秽、仇恨、商业言论的自由就属于这种横向型言论自由。它主要在社会层面上展开，它要解决的主要问题是言论自由的配置问题：低价值言论和公共利益的配置、不同群体之间言论自由的配置。这时政府的身份是管理者和仲裁者，言论自由与政府权力的介入并非你进我退的相克关系，政府权力的介入并不意味着自由的必然减少。[②] 即使是参与政府事务的权利的主要价值（即，政治自由的主要价值），也体现在保护个人的消极自由上，政治自由是消极自由的手段，而不是目的。[③] 汉娜·阿伦特也说过：“政治的存在理由是自由。”[④] 而不是相

---

① ［英］以赛亚·伯林：《自由论》，胡传胜译，译林出版社 2011 年版，第 175 页。

② 徐会平：《美国言论自由的分裂》，见徐显明主编《人权研究》第 12 卷，山东人民出版社 2013 年版，第 91－109 页。

③ ［英］以赛亚·伯林：《自由论》，胡传胜译，译林出版社 2011 年版，第 214 页。

④ ［美］汉娜·阿伦特：《过去与未来之间》，王寅立、张立立译，译林出版社 2011 年版，第 143 页。

反：自由为政治服务。

积极自由鼓励意志主体多做有益于国家和社会的事情，积极自由日益成为单唯的政治自由，即一种“纵向型自由”。积极自由就是自己做主、自我肯定，然后走上人民主权（自治）的道路。中国的自由与新闻自由走的就是这条“积极”路径。如，自由是作为可以使中国富强和摆脱列强侵略的工具而被严复从西方思想武库中挑选出来的。到20世纪初，通过胡适，美国杜威的功利主义自由思想在中国更是大行其道。这种功利主义思想与具有极端个人主义倾向的早期自由主义相比，它提倡个人对公共事务与社会福利的关心与参与。与此类似，胡适、张君劢、张东荪都十分强调自由的能力，即它的实际可能性。如张东荪的修正自由主义主张民主社会主义道路，认为既要发展资本主义生产，又要发展个人自由。在这些现代中国自由主义者心中，自由与自治同义，自由除了个人的精神自适的含义外，更多地指国家和民族的自立、自强。所以，有学者说，如果西方自由主义的发生和发展，是出于一种“信念伦理”，那么，中国知识分子学习西方的自由思想，乃出于工具合理性思考，他们看中的是自由的效用性，对其接受与运用，乃是基于一种“责任伦理”。也就是说，他们的自由思想中包含了更多的积极自由的观念。①

消极自由与积极自由的绞合，必然导致中国官员所说，《新闻/传媒法》面临到底应该保护谁的新闻自由的艰难选择。

2. 新闻自由的基础理论是第四权理论？

台湾学者林子仪认为，新闻自由的理论基础是“第四权理论”，即，新闻媒体是相对于行政、立法、司法权力的第四种权力，故新闻自由是一种制度性权利，其主要功能在于保障新闻媒体发挥监督政府的功能。而言论自由基于其他三种理论：追求真理说、健全民主说、表现自

① 胡伟希：《理性的误区：二十世纪中国的自由主义》，载《学术月刊》1992年第4期。

我说。他详细论述说，这是因为：新闻自由是一种制度性权利，而非一种个人性的基本权利；享有新闻自由权利的主体是新闻媒体而非一般大众；新闻自由是一种工具性的基本权利，其工具性就在于，重视对政府的有效监督；新闻自由并非是以保障或促进媒体自身的利益为中心；新闻自由提供新闻媒体一些言论自由保障之外的特别保障，如不泄露新闻来源的权利等。①

笔者不同意这一观点。笔者在上文说过，新闻自由与言论自由在本质上并无不同，他们的差异只是主体的属性不同和载体不同而已；新闻自由的目的在于探明真相，以实现公益，对政府的监督只是其中的公益功能之一。言论自由的目的虽然与追求真理无关，它只希望保证每个人能够发出自己的声音，但最后达到的目的无疑也是明白真理和真相。而且，随着新媒体的出现和大量使用，新闻自由与言论自由、新闻行为与一般言论的差别越来越小，如网络和手机中的言论多是一种特殊形式的口语。在司法实践上，美国最高法院从未认可言论自由与夹带了新闻自由的出版自由是两种不同的权利，而是认为，新闻自由是公民基本权利，而非媒体的制度性权利。制度性权利不是新闻自由的源头，新闻自由的源头是人的基本权利，即新闻自由源于基本人权。联合国的《世界人权宣言》第 19 条已有明言，联合国《新闻自由公约》第 1 条也说："人民有发表或接收各种新闻与意见的自由，并且透过合法媒介收听或传递新闻与意见的自由，而政府也应该让人民有公平接近使用合法传播媒介的机会，并且不得干涉人民有关新闻自由的权利，对于新闻采访的自由亦要尊重。"

为了很好地认识新闻自由的理论基础是人的基本权利，我们还需思考新闻自由的哲学基础。对于新闻自由的哲学基础主要有三种观点，一是自由主义，二是人本主义，三是社群主义，而前二者常常是绞合在一

① 林子仪：《言论自由与新闻自由》，台湾月旦出版公司 1993 年版，第 81 页以下。

起的。西方新闻自由的历史经历了弥尔顿的神学自由观、洛克的认识论自由观、杰弗逊的政治学自由观、密尔及哈钦斯委员会的社会学自由观，以及今天流行的哈耶克（Friedrich August von Hayek）的经济学与法学的自由观。前文说过，自由主义与西方人性论有关：以原罪观念看待人性，每个人都会堕落，所以要用制度去规范；自由主义与西方认识论有关：实证主义哲学认为，对待应然的真理，人们难形成共识，这就需要多元的思想和容忍的态度。自由主义也与民主制度有关：自由代表终极价值，而民主是一种达成此一价值的方法，自由是价值，民主是程序。这些自由的基本理念在西方人心中已经根深蒂固，但随着社会的发展，其面貌也有变化，从上述自由理论的典型学者的学术取径可以得知，自由的个人性色彩日淡，社会化色彩日浓，社群主义已经成为新闻自由的基本底色。社群主义主张每个人在发挥自己个性之外，同时也要考虑群体发展，并以纪律去规范超过一定限度的自由。社群主义强调公共利益，但又高度尊重个人权利。它有两个基本原则：公共利益包含个人利益与愿望，公共利益不是纯粹的私人利益的总和；公共利益的最终目的就是为了保护个人利益。如，以社群主义观念研究言论自由的美国代表性学者费斯主张，我们必须关注反仇恨言论、反淫秽品言论、反同性恋言论对弱势群体所产生的"沉寂化"效应，关注这些特定形式的言论是如何侵犯了某些群体的言论自由的平等权利。费斯从而主张要对媒体进行国家调控，但即使是这种调控，也要以保护个体权利，保护特殊人群权利为依归。无论是自由主义、人本主义新闻自由观，还是社群主义新闻自由观，都将自由看作公民的自然权利。

但是，为什么我们易于接受新闻自由的理论基础是第四种权利的理论呢？如本文所说，中国的学者将从西方引进的"自由"看作达成国家富强的一个手段，要想实现富强的目的，就得重视新闻媒体的政治功能（如监督行政、立法、司法权力的功能）。但是，中国的自由主义强调群己平衡，又不是社群主义意义上的平衡，它往往从积极自由出发，最后走向了国家、民族的想象性认同，从而要么偏向于专制，要么偏向于对峙。所以，中国的新闻自由理论必须走出功利阴影，回到原点：基本人权。为了实现自由的基本人权价值，我们应该以政治、法律制度，即以民主的技术去达致目的。

经由以上分析可知，新闻自由与言论自由的理论基础是相同的，它们只是在主体身份方面存在差异。

3. 中国新闻自由的功能性实践：走向“政治”

西方新闻自由思想的几位开山之祖都是政论家、政治哲学家、政治活动家，这就决定了“近代新闻自由思想的显著特点在于，它与思想启蒙运动和政治斗争实践紧密结合，主要依靠以作家、编辑、学者、政治家为代表的广大民众争取民主自由的斗争来传播、充实和发展”，因此，在 19 世纪以前，新闻业挣脱政府控制成了时尚。① 特别是在前网络时代，言论自由、新闻自由是建立在“街头发言者”模式之上的，其核心特点是：政治言论居于言论自由思考和保护的中心，对言论自由的想象基于个人与政府的二元对立之上。②

新闻自由的英语表达方式有两种：“Freedom of the Press”、“Liberty of the Press”。但到密尔、特别是格林以后（19 世纪中后期），人们更倾向于用“Freedom of the Press”。因为 liberty 多指政治方面的保障，以免于外力干预的权利为中心（如严复将密尔的 On Liberty 译为《群己权界论》，至为确当）；而 freedom 强调自我主宰和广泛的社会与经济自由，以法律正义为衡量标准。③ 新闻自由内涵有一个从哲学和政治层面走向法律层面的过程。于是，在欧洲，人们“追求民主自由的做法，也未免会受外界的影响，当把自由的理念无限上拥，也不免要吃亏受

① 夏勇：《宪政建设——政权与人民》，社会科学文献出版社 2004 年版，第 213 页。
② 左亦鲁：《告别“街头发言者”：美国网络言论自由二十年》，载《中外法学》2015 年第 2 期。
③ 王怡：《自由的观念：绕开一个正义的柠檬》，载《读书》2002 年第 6 期。

难。然而他们也在不断地尝试与错误中累积经验。尤其在19、20世纪之交，西方思想家已慢慢把谈论自由哲学转移到民主制度（立法）的建立方面”。[①] 在美国，众多法律界人士也反对将新闻界看作享受政治特权的“第四阶级”，并认为：新闻界要接受“结构性”制衡，而不是得到宪法第一修正案的绝对保护；新闻自由需要法律阐释而不是政治庇护。在20世纪、特别是在20世纪下半叶的法制变革和判例摸索中以及网络时代，面对错综复杂的关系，发言者已从“街头”转移到互联网，“基于媒介”的言论自由模式取代了“街头发言者”模式，传统的“政治中心主义”开始动摇，“个人－企业－政府”三角关系取代“个人VS. 政府”的二元对立，成为言论自由互动和博弈的新形态。[②] 因此，新闻自由的法律内涵不断得到扩展，媒体创办和经营权、报道发表权、编辑权、采访权、消息来源保密权、接近权（包括接近政府和接近媒介两种权利）、对新闻侵权和新闻诽谤的反诉权等都是新闻自由的题中之意；新闻自由中的经济、公众等非政府因素——如广告、传媒兼并、公民隐私权等——日益得到关注。这就更进一步地使新闻自由抛弃了其过去的单一的政治模式。[③] 总之，虽然新闻自由脱离不了政治，甚至最终要指向政治，但是它的内涵是丰富的、具体的，也是可以分层阐释并运行的。

西方国家的新闻自由概念从政治内涵向法律内涵变迁、拓展的过程，恰好对照着我国国人历久不变的新闻自由的政治情结。所谓政治情结，就是以政治价值为导向，从政治实用主义的新闻功能观出发，强调

---

① 李茂政：《“新闻自由”之意涵及媒体应有的社会角色》，载《中国传媒报告》2004年第1期。

② 左亦鲁：《告别“街头发言者”：美国网络言论自由二十年》，载《中外法学》2015年第2期。

③ 英国学者约翰·基恩就说过：“应该赞同一个更加复杂的、多样的沟通自由概念，对简单的‘新闻自由’概念应予以抛弃。”约翰·基恩：《媒体与民主》，社会科学文献出版社2003年版，第38页。

新闻传媒在维护国家统治，增加行政能力方面的作用。之所以如此，其根本原因在于上述自由观念的影响，其中包括，我们所认同的新闻自由的“积极”内涵必然导向了这种“纵向”的“政治”① 功能。

在严复、梁启超、章太炎、胡适等近现代名流以后，一大批新闻学者和业界人士相沿以习，仍然执着于新闻自由的积极功能。如，唐振常在其大学毕业论文《论新闻自由》中说：新闻自由必须有责任，“我们得对自己的言论和报道负责。这是新闻自由的必要前提，研讨、提倡新闻自由的人，绝不可忽略了这一意义”。② 1940 年，冯英子在《力报》上发表了《我们努力的方向》认为，新闻记者所争取的新闻自由，应以三民主义为理想，即：争取自由应不忽视民族主义、民权主义、民生主义的最高原则。③ 范长江也认为，言论自由的条件就是拥护三民主义，拥护政府，服从最高统帅，巩固团结，严守军事、外交秘密。④ 抗战胜利后，马星野对于新闻自由的主张趋于保守，他刻意强调报刊的积极自由，而回避消极自由。在自由度的大小方面，他所坚持的自由主义是以掺杂有“党国”色彩的国家主义为基础的。⑤ 特别到 80 年代以后，人们心目中的新闻自由内涵仍无多大变化，甚至沿着原来方向将其向前做了推进，使其政治理念更为具象化。根据魏永征的研究，这一时期的新闻法研究着手于政治理论层面的论述多于法学理论层面的论述。他认为，政治理论层面论证“着重于新闻自由同社会制度之关系，以及对民主与法制、自由与责任、保障与约束等等范畴之探讨”，“这固然十分重要，然而用诸现实的操作层面上则显得隔膜”。而正确的法学理论

---

① 本文中加引号的“政治”意指具体的政党或政府的意志、权力、运作机制及其相对方的权利。

② 唐振常：《论新闻自由》，燕京大学文学院新闻学系文学士毕业论文，1946 年，第 22（b）页。

③ 《〈力报〉摘录》，见广西建设研究会编译委员会编：《时论分析》，1940 年第 26 期。

④ 《〈力报〉摘录》，见广西建设研究会编译委员会编：《时论分析》，1940 年第 26 期。

⑤ 王明亮、刘家林：《自由与国家之间：马星野的新闻自由观探析》，见倪延年主编《民国新闻史研究（2014）》，南京师范大学出版社 2014 年版，第 393 – 398 页。

层面的研究，“要求把自由视为现实的社会关系与法律关系，即权利和义务关系，这就需要对相关主体所享有的权利和相应承担的义务以及他人对该权利所承担的义务作出规定”①。

前述的国人自由观念的诸面相必然影响到我国学者对传媒法制建设的思考。

1990年代的传媒法制研究集中于新闻侵权纠纷，对传媒立法的研究暂时沉寂下来。到新世纪之交和新世纪之后，传媒立法又成为讨论焦点。虽然其中的研究有细化、也有深入的地方，但是仍然存在着以理想呼吁代替学术研究的弊病。我们多数新闻传播学者和业界人士仍将法治等同于立法、等同于法制，希望“正确”的立法能够实现匡扶时弊、强国富民的功能。如此，就在传媒法制建设中形成了一种“政治”路径依赖，热衷于一步到位地订立一部以纯粹“政治”功能意义上的、狭义的Liberty of the Press②（本书将其译成加引号后的“新闻自由”）为核心的新闻基本法。这时的“新闻自由”就是一个政治术语。但是，诚如前文所言，20世纪以来，新闻自由的内涵已日趋丰富，功能也已发生变化，如何做好其中的平衡功课是其要义。如有学者在考察了美国自由观念史后说：“在新闻自由中最重要的是平衡：个人权利与公民义务、制度与自律、新闻界（公民）与政府、法律与道德等等之间的平衡。”③ 但是，这些平衡中的诸元素，或者未被顾及，或者只被轻描淡写地带过，而只是明言针对公共权力。如此建设起来的传媒法制必将忽

---

① 魏永征：《新闻法新论》，中国海关出版社2002年版，第268页。

② 说它狭义，是因为——据有关学者研究——政治自由主义只是西方三种自由传统之一，即共和主义的传统。在共和主义者看来，自由必须通过某种政治方式实现；在自由主义者看来，在政治终结的地方才有自由的存在；在理想主义者看来，自由的主要内涵是自律。而现在，美国的公民共和主义试图将三大主义扭结在一起。参见马凌《共和与自由：美国近代新闻史研究》，复旦大学出版社2007年版，第355页。

③ 马凌：《共和与自由：美国近代新闻史研究》，复旦大学出版社2007年版，第355页。

视公民的基本权利，不光不能解决矛盾，反而只会激化矛盾。

我们习惯于将第四权理论视作新闻自由的基础理论，将新闻自由看作一项制度性权利，将批评、监督政府的功能视为唯一功能，将新闻媒体设定为一方，将政府控制视为另一方，双方互相提防、互相斗争，一提到新闻自由，这种二元对立思维就使政府如临大敌。但是，笔者认同新闻自由是公民的基本权利而非媒体的制度性权利。[①] 新闻的本义是指“新近发生的事实的报道”（取陆定一的定义），其本体是“事实”，那么新闻自由应该是指追寻事实真相的自由，新闻自由的价值观应该是弥尔顿的“追求真理（相）”说，而不是后来的“健全民主程序”说。“追求真理（相）”是其基本功能，“健全民主程序”等其他功能只是其延展性、后续性功能。如果我们只将新闻自由看作一项制度性权利就会一则“窄化”了新闻自由，让个体权利踏空；二则如果法制建设往这条路一直走下去，这种斗争哲学的极致性思维就可能有以“正确”的政治来要挟政府之嫌，就可能与既有社会秩序造成冲突和对立，并让当权者对《新闻/传媒法》的防范之心有了充分且必要的理由。当然，毋庸置疑，新闻自由的主要相对方是公共权力部门，但是，我们不妨像《世界人权宣言》和《公民权利和政治权利国际公约》所做的那样，采取不针对“个别”只针对“所有”的周全策略，既将免于政府干预包含于内，又将自身的活动空间尽可能地拓宽开来。

（四）突破自由观念屏障的迂回取径

通过上面的讨论可知，三大国际典章谈及新闻自由的主体时用的都是单数人称代词（everyone），它们明确，新闻自由的行使不受时空限制，也一般不明言它的对立方，以便摆脱所有外来束缚。之所以如此，其观念性根源是，西方新闻自由的基础理论是基本人权，其基本功能是

① 对于两者关系的进一步分辨，有兴趣者可以详见赖祥蔚《新闻自由的临摹与反思》，载《新闻学研究》（台北），2006 年春。

发现真理和真相；其最终主体只能是公民个人，作为法人的媒体也可以是其主体，但只有当它成为公民的代表时，才能以这种主体面目出现（正如政府是人民的受托对象一样）。而促生西方新闻自由这两个特征的是，自由的个人主义或社群主义性质。不管是个人主义还是社群主义，它们都以保护个性鲜明、不能见同于多数的个体为出发点。但是，要履行好这种个人权利的保护角色殊为不易，西方先哲基于悲观主义人性论和怀疑主义认识论的前提，主张通过订立法律制度明确相关权利并划出外来干预绝对不能触碰的领域，这样才能很好地保证弱势的个人拥有自由的空间。而中国人的自由及新闻自由观念是：自由是精神的自由、集体的自由，其主体是新闻媒体所有者。如果我们认可世界三大人权典章的基本理念，希望融进世界秩序并进而发挥积极影响，那么我们未来的传媒法制建设就应该以国际上通行的新闻自由观念为基础去奠定法律精神、搭建法律框架，同时，自由的性质应该是可以法律化的自由，而不能是与法律不能通约的精神自由；其主体也不应该还在反复争论之中而远未取得共识。但是，通观这些方面，我国传统的自由观念为我们法制建设竖立的是一堵多么厚实而牢固的屏障！

研究传媒法的学者认为，任何一部《新闻/传媒法》都要解决两个核心问题：谁可以办新闻媒体？为什么要办新闻媒体？也就是本章讨论到的新闻自由的主体和功能问题。我国未来的《新闻/传媒法》当然也不能例外。那么，如何正确地解决上述两个问题呢？这就是本书所做的理论尝试。总结笔者的观点就是，针对我国新闻自由的政治性素质，要建设好未来的传媒法制，我们必须从突破自由观念的屏障做起，比如，1. 重视对普通公民的基本权利的保护，不将这种权利的相对方“窄化”为特定对象；2. 化精神的自由为权利的自由，让新闻自由逐步法制化，坐实“自由”“民主”等现代新闻自由的法律秩序；3. 不从自由直接入手，不纠结于自由，而是放宽眼界，从外围着手，多维度地寻找传媒法制建设新路径，让外来压力倒逼当政者不得不放弃牢固的旧有观念。

接下来，在传媒法制建设方面，我们要有如下心态：不妨暂且将新闻基本法的订立问题悬搁起来。我们悬搁了新闻基本法的订立就等于将“新闻自由”之中敏感的、最终的“政治”话题暂时搁置了起来；但是，我们将窄义的“新闻自由”暂时搁置起来，并不等于就延搁了传媒法制建设。当我们一旦换位思考，总有别有洞天的时候：新闻基本法暂不订立，其他部门法或具体领域总该有施展身手的地方。我们应该寻找机会突破新闻自由的观念屏障，将（部分）新闻自由具体化、分层化（如本书下文所做的那样，将新闻自由分解为“出版管理制度”和“权利［力］平衡”两个问题），在科学技术、道德规范、新闻诉讼、重大事件等领域去寻找传媒法制的建设空间，从而养成良好的法治观念，然后再以特定的建设路径去逼近传媒法治的理想境界。因为有了一系列的理论与实践积淀，到那时再去关注新闻自由的宏大叙事，就可能显得悠游得多。只是与传媒法制建设的“一锤定音”的举措比较而言，该逼近过程是循序渐进的，而且可能是漫长的，但终究是有效的。

第四章

中国传媒法制建设传统的叙事分梳

一、中国图书报刊出版管理制度变迁中的历史机缘

（一）出版管理制度的分类

近代以来世界各国的传媒法规对图书报刊的出版管理一般采取两种不同的制度，即预防制和追惩制。顾名思义，预防制是事先限制，追惩制是对报纸、杂志的过失采取事后惩罚。追惩制既不要求出版物呈报登记，也毋需求得批准，更不要接受印发前的检查，是较前者更自由、更宽松的管理制度。在此制度下，图书报刊可以自由、自主地出版、发行，只有当报刊有既成事实的违法“行为”时，才依据有关法规受到惩罚。

预防制具体分为四种：注册登记制——一经“挂号”就可以出版发行；保证金制——交纳一定数额的保证金后才能出版发行；批准制——出版前须经申请和批准，然后印行；事前检查制——出版发行前必须得到政府审查通过才能刊发。其中，只有前三者才是报刊创办管理制度。但在多数时候，它们也并不是同一层次的制度。一般而言，根据不同的预防制新闻传播法规，创办一家报刊须通过注册登记或批准两道关卡之某一道，然后才有出报、出刊的可能性。同时，有些法规还规定报刊须交足一定数目的保证金才能拥有出版权，所以保证金制大多是作

为辅助性的限制条件而存在的。当然，也有新闻传播法规纯粹采用保证金制的，但这只是极少数，在中国的报律和出版法中未曾出现过。

事前检查制度要求某种图书或某期报刊出版、发行之前，必须呈送该书报刊的文稿、报样以备查核，通不过者便要撤稿、改稿，甚至毁版或禁止报刊上市。不言而喻，事前检查制度发放的是“通行证”，注册登记制、保证金制、批准制则管理创办权。事前检查制度有时也要限制未获创办权的报刊面世，实施的是报刊创办权法令条款的司法行为。但更多的，它是针对通过法律渠道业已创办的书报刊的文稿及其编排、组织进行审定、裁决。站在这个角度，通俗一点地说，注册登记制、保证金制、批准制是管理“爹娘”的户籍警，事前检查制是新生儿的准生证。总之，不管从上述哪一方面说，笔者都不同意某些学者把事前检查制与注册登记制、批准制等三种制度笼统地列为同级的出版管理制度。无疑，事前检查制度属于预防制之一种，但它是注册登记制等三种制度的后续管理程序。后三类制度关涉报刊的创办权管理，事前检查制属于出版管理制之另一类：呈查制。呈查有事先、事后之分。事后呈查分呈本（以资民事诉讼、查阅资料、事业统计等备案之用）和存查（事后检查）两种。事先呈查就是事前检查制。事前检查制是严厉的新闻预防手段，更是最严厉的呈查制度。事前检查制将法治“异化”为人治，最终经由对报人的认识、定位来挑剔审查报纸。正如马克思在评论《普鲁士书报检查令》时所说：“书报检查法不是法律，而是警察手段，并且还是拙劣的警察手段。”①

从苛刻和严厉程度来说，批准制的限制重于保证金制，而保证金制又重于注册登记制。有些国家的新闻传播法规还专列有一个严苛程度轻于上述三者的基础性条款，即对办报人进行资格认证的条款。追惩制新闻传播法规一般没有对办报人资格作要求，预防制新闻传播法则多对此

---

① 中国社会科学院新闻研究所编：《马克思恩格斯论新闻》，新华出版社 1985 年版，第 62 页。

作了规定。如我国的新闻出版法规、日本的《新闻纸法》（1909）、埃及的《新闻法》（1980）、原捷克斯洛伐克的《定期刊物和其他宣传工具法》（1966）。也有少数预防制法规没有对办报人做出限制。如采用批准制的原罗马尼亚的《新闻法》（1977），以及同样也是实施批准制的原南斯拉夫的《公共宣传法》（1975）等，就是如此。

我国近现代的新闻传播法规，对图书报刊出版管理都是采取预防制。与此同时，追惩制早已被世界上一些先进的资本主义国家所采用。"起预防作用的法律是不存在的。法律只是作为命令才起预防作用。"①所以我把这些新闻传播出版管理条款称作"制度"，把包括了这些制度的"报律""出版法"叫作新闻传播"法规"而不叫"法"或"法律"。在世界近代新闻传播史上，即使同是实行预防制的，也是走着从批准制到注册登记制兼保证金制或保证金制，直到注册登记制的道路，同时多数免除了附加于报刊的存查和事前检查制度。

英国的集权主义新闻传播立法与制度盛行于斯图亚特王朝（1603－1714）时期。其新闻传播法制有如下特点：建立特许制度，出版检查制度，保证金制度。1642 年，英国专门制订了明细、苛刻的《出版检查法》，对书籍、报刊实行严格的事前检查。弥尔顿于 1644 年发表《论出版自由》，针对《出版检查法》予以抨击，并提出了言论、出版自由的光辉思想。此后，洛克建立"人民主权"学说。英国终于在 1695 年废止了新闻检查制度，并把新闻传播法的预防制改为追惩制。英国是世界上最早在新闻传播立法方面做出此项突破性贡献的国家。

1789 年前，法国封建王朝的法律规定，办报人如违反报刊批准制度，就要遭监禁和流放，印刷者要处以船役。1789 年《人权宣言》发布，其中第十一条是规定法国新闻法的基本原则，废止了新闻检查制度（后又被拿破仑一世恢复）。1881 年 7 月 29 日，法国通过了新闻法律，

① 中国社会科学院新闻研究所编：《马克思恩格斯论新闻》，新华出版社 1985 年版，第 60 页。

纠正新闻传播立法的倒退，规定不能对新闻作任何检查，1947 年 2 月 28 日又在有关的法律中再次作了强调。从此以后，报纸的内容就不再受政府检查了。至于报刊创办管理制度，法国在 1944 年 8 月 26 日的出版条例中指明：报纸、刊物出版前的手续仅仅需要一份简单的声明。这一声明由报刊领导人签署，邮寄共和国检察院即可。

美国的新闻自由是以宪法第一修正案为依据的。1800 年，杰斐逊就任总统以后，他的如下观点为以后美国资产阶级的新闻自由和传媒立法的制度奠定了理论基础。他认为：自由报刊应该成为对行政、立法、司法三权起到制衡作用的第四种权力；廉洁公正的、为公民了解的政府是不会被报纸的谎言打倒的；出版自由和政府势不两立的看法是错误的；报纸说谎是没有力量的表现，报纸讲真话是有力量的表现。但是在二战中，罗斯福（Franklin D. Roosevelt）总统加紧控制国内的舆论。1941 年 12 月 19 日，罗斯福依据第一次世界大战列强公约规定，设立了美国新闻检查局，对国际新闻通讯等进行审慎检查，采取删削和无限制期耽搁或不予通过的检查办法。二战后，《麦卡伦法案》第一次正式以法律的形式宣布共产党报刊为非法，强迫其停刊。50 年代初，美国出现了一场由新闻界倡导和推动的“知情权”运动，内容包括获取信息的权利、免于事前检查的出版权利、免于因出版而遭受未经合法程序的报复的权利，等等。1966 年，最高司法部判决《麦卡伦法案》违反宪法，国会于 1968 年通过了《麦卡伦法案》补充法。

日本在明治维新后几十年间，政府对新闻传播法规的颁布与修订非常频繁。30 年间颁制的新闻约法就有十来项，并且时有修正本。1869 年制订了对新闻纸实行无须每号检查而出版的政策，1887 年《新闻纸条例》第三次修正废除了报刊创办的特许制，1909 年的《新闻纸法》对报纸的出版采用注册登记制管理。

表 4-1 各国变更报刊创办管理制度的年份与内容以及取消新闻检查制度年份表

项别 比较 国别	变更创办管理制度		取消新闻检查制度
	变更年份	变更内容	
英国	1695	采用追惩制	1695
法国	1944	取消预防制	1789（第一次） 1881（第二次）
美国	1966	取消登记制	1789（第一次） 20 世纪 50 年代（最近）
日本	1887	取消批准制	1869

（二）八个传媒法规的有关内容及其比较

本节的研究对象，主要是中国 20 世纪初至今颁布实行的比较成形、比较系统，且在某一阶段具有代表性的、发挥过较大影响的新闻传播法规。包括：1906 年的《大清印刷物件专律》，1908 年的《大清报律》、1911 年的《钦定报律》（刊布时，有些报刊又称之为《修正报律》《修订报律》等），1914 年的《报纸条例》，1930 年的《出版法》，1931 年的《出版法实行细则》，1937 年的《修正出版法》，1997 年颁布、2001 年修订、2011 年再修订的《出版管理条例》。至于清政府的《报章应守规则》（1906）和《报馆暂行条规》（1907），因其基本内容已为《大清报律》所包含，故不再涉及。1914 年的《出版法》亦不加讨论，因为它与《报纸条例》同时并行刊布，内容无关于报刊管理，不像此后的《出版法》和《修正出版法》包括“报纸及杂志”和“书籍及其他出版品”两大类别。1947 年的《出版法》因遭舆论普遍反对而未曾实行，故也不在此讨论。中华人民共和国成立后，几部宪法都确认中华人民共和国公民有出版自由，并予以切实的保障，但没有制定专门的出版法，有关出版管理的最高位阶的制度就是《出版管理条例》。关于出版的法律条文或规定也散见于刑法、民法通则和其他法规之中。此外，还有关于出版管理的一些行政法规和部门规章，如《出版社工作暂行条例》《关于图书版本记录的规定》《报纸出版管理规定》《期刊出版管理规定》等，因其基本精神已体现在《出版管理条例》中，所以也不列入表中比较。

为了醒目和便于比较，我把八大新闻传播法规之出版管理制度内容列表4－2如下。

表4－2　中国近现代新闻出版管理制度比较表

项别 比较 法规	创办管理	办报人管理	呈本	存查或事前检查	禁发	加罚	备注
1906年《大清印刷物件专律》	批准制。违者罚锾150元或监禁5个月，或二者并科。		呈送巡警衙门和印刷注册总局。违者罚锾50元以下，监禁1个月以内，或并科。呈民政部备案。	书籍、图画等出版品临时检查。违者罚锾、监禁或并罚，报刊等无此限制。		对印刷人有加罚，对新闻记者无加罚。	
1908年《大清报律》	注册登记制。违者罚金10－100元。缴保证金250－500元不等。开通民智者不缴。	年满20岁以上本国人，享有公权者。违者罚金3－30元。		报纸应于发行前送官署随时查核。违者罚金。	诋毁宫廷、淆乱政体、扰害公安者，永远禁发。违者监禁和罚金。	违者不用自首减轻，再犯加重，数罪俱发从重之刑。	

续表

项别/比较/法规	创办管理	办报人管理	呈本	存查或事前检查	禁发	加罚	备注
1911 年《钦定报律》	注册登记制。违者罚金 3－30 元。缴保证金 150－300 元不等。免缴额中增加白话报。	享有公权者。		报纸发行当日呈送官署存查，未送者罚。	诋毁宫廷、淆乱政体者，可禁止发行。违者监禁并罚金。	同上。	
1914 年《报纸条例》	批准制。违者罚金 20－200 元。缴保证金 100－350 元不等。	年满 20 岁以上，享有公权者。非军人、非学生、非行政司法官吏。违者罚金 10－100 元。	呈报本管长官，汇呈内务部。	每号报纸应于发行日送查。违者罚金。	淆乱政体者，禁止发行。违者可判有期徒刑。	同上。	

续表

项别 比较 法规	创办管理	办报人管理	呈本	存查或事前检查	禁发	加罚	备注
1930 年《出版法》	注册登记者。有关党义或党务事项者转党部登记。违者罚金 200 元以上。	享有公权者。违者罚金 200 元以下。	寄送内政部，省、市政府等。有关党义、党务者，呈各级党部。	有关党义、党务事项者送党部和党部宣传部。	破坏民国、图意违反三民主义者，颠覆国民政府或损害中华民国利益等，永久禁发。并有罚则。	刑法累犯合并论罪之规定。	
1931 年《出版法施行细则》	对报刊实行批准制。有关党义或党务者，分呈中央党部与内政部登记。			有关党义、党务事项应纠正者，由宣传部负责办理。			

续表

项别 比较 法规	创办管理	办报人管理	呈本	存查或事前检查	禁发	加罚	备注
1937 年《修正出版法》	对报刊实行批准制。违者罚银100元以下。违背停发命令者，罚金200元以上。	非因意图破坏国民党、颠覆政府、违反三民主义等受刑事处分者。违者罚锾100元以上。	呈交：（1）内政部；（2）中宣部；（3）地方官署；（4）图书馆。违者罚锾30元以下。	官署可派员检查报社组织及发行。	意图破坏国民党，违反三民主义者，意图颠覆国民政府或损害民国利益等，禁发，同时有罚则。		
1997 年《出版管理条例》、2001 年修订的《出版管理条例》、2011 年修订的《出版管理条例》	实行批准制。不得转让书号、刊号、版号等。变更单位、名称、刊期的，实行批准制。未经批准，擅自出版者，予以取缔，依法追究刑事责任，或处违法经营额5倍以上10倍以下的罚款，违法经营额不足1万的，可以处5万元以下的罚款。（2011年修订新条文）		出版单位应当按照国家有关规定向国家图书馆、中国版本图书馆和国务院出版行政主管部门免费送交样本。（据2011年修订后的新条文）	印刷或者复制单位应当自完成出版物的印刷或者复制之日起2年内，留存一份承接的出版物样品备查。	未获批准的出版物、假冒书刊号的出版物、禁止进口的出版物、走私的境外出版物。	单位违反本条例被处以吊销许可证行政处罚的，其法定代表人或者主要负责人自许可证被吊销之日起10年内不得担任出版、印刷或者复制、进口、发行单位的法定代表人或者主要负责人。	

表中八个传媒法规在创办管理制度方面以批准制为主，只有清末的《大清报律》《钦定报律》和1930年的《出版法》采用注册登记制。而《出版法》的注册登记制是短命的，第二年（1931）10月7日旋即被《出版法施行细则》详尽地规范为批准制。所以严格说来，只有在清末两报律存在较为宽松的注册登记制，嗣后则被严厉的批准制所取代。《大清报律》之所以采用注册登记制，是因为受了日本1883年的《新闻纸条例》的影响。我能见到全文的日本于1909年公布的《新闻纸法》(稍后于《大清报律》、稍前于《钦定报律》)，其中第四条就这么规定："第一次发行10日以前，须将有关事项呈报地方官厅。"

即使同是批准制，也可通过比较看出新闻传播法规由1914年的较开明之管理制度逐步走向30年代较专制之管理制度的变化趋向。清末民初我国立法者取法日本，把新闻纸法与出版法分别制订，互相独立存在。于是1914年既有《出版法》，又有《报纸条例》。该年的《出版法》对图书的出版实行注册登记制，1930年的《出版法》规定在书籍发行时以两份呈送内政部增删，到了1937年的《修正出版法》则对书籍及其他出版品在出版发行时无任何限制。可见对书籍的出版管理呈日趋松懈之势。可是，对报刊的出版管理却不加放松，三个《出版法》对报刊一律实行批准制。（笔者把1930年《出版法》的注册登记制视作事实上的批准制，因为有《施行细则》的司法条文限制）同时，申请登记手续日益繁难，关卡越来越多，主管登记批准之机构也日趋上层化，审批者权利越来越被强调，分级、分层管理意在严格限制报刊出版。1938年，一般向内政部申请登记的报纸，最快也需三个月到半年之久才能拿到登记证。40年代中期，一度宣布取消原由内政部登记批准的办法，改由地方当局直接办理，但登记手续同样烦琐。以上海为例，所有报章杂志批准审查事宜，均由国民党市党部、市政府社会局、新闻处、市警察局、警备司令部会同办理。因此，报刊极难得到批准机会。

一般观点认为，晚清两个报律虽是注册登记制，但同时有保证金制的限制，已是很苛刻的了。这里，笔者对保证金制稍加分析。早在20世纪30年代就有学者指出，保证金的作用有二：一是限制创办数量，二是防止不具备物质条件的报纸出现后扰乱报业。[①]《大清报律》制订的时候，保证金制在各国基本废除，仅日本保留。晚清两报律的该项制度即源自日本《新闻纸条例》和《新闻纸法》。我国的保证金制之所以能维持到1916年（《报纸条例》于1916年被黎元洪下令废止），主要是由于它寄寓了统治者限制创办数量的目的（而且只是象征性的），而不是由于它有防止不具备物质条件的报纸出现扰乱报业的作用。即使最高额的保证金500元在当时仅相当于50多份日报的年定价，丝毫不能代表创办报业的资金。《大清报律》规定，对开通民智的报纸不收保证金，不是说不具备物质条件者也鼓励人家办报，而是说不限制该类报纸的数量。《钦定报律》在“免缴”类中增加白话报也是同样的道理。《钦定报律》通过减免保证金鼓励都会城市商业中心之外地方创办报纸，《报纸条例》的规定异曲同工，两者都鼓励中小城市办报而限制中心城市的新报数量。如果说保证金是限制新报扰乱报业，那么这一条款就不好理解，因为无论什么地方的报刊都会有“扰乱”之虞。再者，《大清报律》专设一条：保证金可抵其他条款的违反者的罚金，罚没后再由办报人补足保证金。如此举措也证明立法者没有把保证金视为报纸的物质条件的象征，也不是有意要腰斩报刊，而是把它视为一种规约行为。保证金如果真的是不强调对报业物质条件的限制，那么它对于报业繁荣并不是很严苛的。因为只有当创办者的身份（无论贫贱）越多样化，新闻的“公众空间”也才越广阔，出版自由也才越接近新闻思想史上经典作家的追求（他们一再反对资本家倚仗钱袋垄断新闻）。正因

---

① 袁殊编译：《新闻法制论》，群力书店1937年版，第296页。

为保证金制不限制创办报业的物质条件，所以它对报刊新增数量的限制作用也是象征性的，是很有限的。

最后总括笔者的意见如下：我国的保证金制是用于限制报刊创办数量的管理制度，有一定的严厉性。但是，由于它不强调创办报业的物质条件，更由于它划出“免缴”的特殊领地，“法无禁止即自由”，即使它与注册登记制联用，限制报刊创办实行“双保险”，其苛刻程度仍远不及批准制。

关于新闻传播法规中的呈查制度，据考证，《大清报律》虽有最严苛的事前检查制的条文，但事实上当时并不存在这种制度的司法行为。因为：（1）早期的新闻史研究者，并无清末采用事前检查制的说法；（2）在报律颁布时和讨论报律时，各报和议员们都没有对该条加以评论和质询；（3）清政府对这一条文未做文稿预审的解释；（4）在具体操作上，各报呈送的是印毕的成品，加上政府又未设置专门的检查机构，无力逐一事前翻查，故而不可能预审。① 我对这些看法表示认同。在整三年后的《钦定报律》中，不呈查者罚金不变，而条文表述已改事前检查为当日呈查。1914 年的《报纸条例》基本沿用。（此前 1906 年的《大清印刷物件专律》对报刊更是优待）到了 30 年代后，报纸、杂志、图书检查制度逐渐风行起来。1934 年国民党中宣部的《图书杂志审查办法》第二条规定，社团或著作人所出版之图书杂志，应于付印前将稿本送审。第九条规定：凡已经取得审查证或免审证之图书杂志稿件，在出版时应将审查证或免审证号数刊印于封底，以作识别。《修正出版法》允许在必要时政府派员检查报社组织与发行，凡是被视作“异己”而又不愿接受“改组”的就被封闭。1942 年的《国家总动员法》的限制又有所加码。该法第二十二条规定：“政府于必要时，得对报馆及通讯社之设立，报纸通讯稿及其印刷物之记载，加以限制、停

① 李斯颐：《清末报律再探》，载《新闻与传播研究》1995 年第 1 期。

止，或命令其为一定之记载。”这不能不说是《修正出版法》检查制的恶性发展。1944 年的《出版品审查法规与禁载标准》继而明确：“审查方式采用事前审查与事后审查两种，前者为原稿审查，后者为印成品审查。”（第二条）而新闻报纸“实行事前审查”（第四条）。至此，这一补充法把新闻传播法规的检查制度发挥到极致。

在办报人资格和禁止发行条款中，八个法规的限制项越来越带有政治色彩。从对被剥夺公权者和在押的刑事犯的限制到《修正出版法》的对破坏国民党者、违反三民主义者、颠覆国民政府者等等的限制。从普遍含义的所谓淆乱政体到具体的所谓破坏国民党、违反三民主义等，其法规的党派色彩、政治色彩明显突出，新闻传播法规后面的激烈意识形态斗争昭然若揭。而且法规条文中的“意图”二字，更给主观随意滥用法律者用“政治”给报刊戴紧箍咒之做法开了口子。

（三）传媒法规与报业发展的关系

比较了八个传媒法规之后，我们有了以下认识：《大清报律》和《钦定报律》是八个新闻出版法中比较完备、比较合理、比较开明者。从一定程度上说，它们与其他先进的法律一起促成了我国报刊的短暂繁荣。20 世纪最初十一二年后五六个年头是我国近现代新闻传播法规的第一个阶段，在这个阶段，立法与报业共同步入了黄金时代。（《报纸条例》是传媒立法的过渡阶段，30 年代两个《出版法》所代表的是第三个阶段）

从表 4－3 可知，1898－1911 年的 13 年中，政府共查封 30 家报刊，时间多发生在 1903 年前。这一年以后，报人遭迫害的惨烈情状得到了缓和。报界正是因为目睹了政府滥施淫威的现象，才主动提出“勒以章程，咸纳轨物”的吁请。1903 年 10 月 28 日《申报》刊文说：“必欲整顿各报，非修订报律不可。”报刊发展的升降起落，与当时颁布的法规有直接关系。清朝末年，特别是 1906 年以后，新闻从无法可依到有法可依，法禁从严酷到较为宽松，报业从无序到逐渐步入轨道。从1898－1911年的13年中，报刊与报人受迫害的程度远低于袁世凯时期和北洋军阀时期。辛亥革命后一年多的时间里，由于清廷禁令被废除，各地有了新法律保护言论自由，再加上革命宣传的需要，报纸发展最为辉煌。但是，袁世凯窃政以后，特别是颁布了《报纸条例》以后，反动政府以批准制加强对报纸出版的钳制，同时详细规范了办报人资格，禁止军人、行政司法官吏、学生办报，禁止刊发“淆乱政体”“妨害治安”等文字，直接造成了“癸丑报灾”。1916年底，报刊数量又有回升。但两年后，即1918年10月，北洋军阀颁行了一个共有33项条款、内容十分苛细的《报纸法》，大肆封杀报刊与报人，报刊经过短暂的转机后，再度陷入低潮。国民党统治时期更是到了无以复加的地步。被查封报刊和遭迫害人数难以数计，表4－3中几个简单数据想必能窥其一斑。

表4－3　传媒法规与报刊发展的关系

项别／比较／年份	报刊数量	被查封报刊数	遭迫害人数
1898－1911年	150种左右	30种（13年）	至少20人（13年）
1911年底－1912年初	近500种		
1912年中－1913年底	139种	71种（约4年）	84人（约4年）
1915年初－1916年中	155种左右		
1916年底	289种	至少29种（约2.5年）	至少17人（约2.5年）
1918年底	221种		
1919年初			

续表

项别 比较 年份	报刊数量	被查封报刊数	遭迫害人数
1929－1934 年		887 种 （含书籍）（5 年）	
1942 年初－1942 年底		500 多种 （限国统区） （约 1 年）	
1947 年初		至少 100 种	30 多人 （限重庆市）
1998 年	9972 种（其中报纸 2045 种、期刊 7927 种）		
2004 年 7 月至 2005 年 4 月		分四批共取缔 非法报刊 169 种	

总的来说，我国报刊的繁荣与新闻法的严苛程度成反比，而与它的开明程度成正比。首先，报刊的创办管理制度无疑是报刊兴旺发达与否的最关键因素。烦琐、严格的批准制，使许多志士仁人的办报计划胎死腹中。其次，两个报律对白话报、对开通民智的报刊的重视，大大鼓舞了一批具有开明思想和西学知识的人士创办报刊的士气。新知与获取新知的便捷文字激活了报刊传受之间的双向“造山”运动，从而促成报业繁荣。再次，新闻传播法规过于强烈的党派私化色彩、意识形态旨趣，势必让主观愿望遏制和遮蔽了公众的“在场”，于是报刊的“公众空间”萎缩了。过于主观的“国法”一定会衍生出过于繁杂的“家规”。“家规”一多，报刊生存的环境就恶劣有加，报刊就难以图存（第二、三阶段的传媒法规在执行过程中即是如此，下文详论），反之

亦反。清末各级政府对报律的遵从，基本呈一种向心、有序状态。各种报律、命令、制度纷呈，对报界的司法实践大多数是依据报律条款进行处罚的，冲突的现象得到一定的控制。这种处罚本于法律者大约占案例的三分之二强。清末报律颁发后虽也存在执法过严、个别官吏以意为法、以人治代法治的现象，但报纸对时政的评议毕竟较以前自由多了，对违律者的处罚亦较以前轻缓多了。如报人可以根据报律斥责官吏视报律若无睹的违法行为；如“竖三民”前仆后继，一旦遭禁即更换报名再行出版；如詹大悲、邝其照、叶楚伧等著名报人旧报被封，旋即又有新报问世；《大中公报》甚至提出依据报律对自己从轻改判的要求。①

民国成立以后，情况发生了变化。表4-2中后四个新闻传播法规在实施过程中的最大缺陷，是它的非权威性。施行者普遍存在不严肃对待、以意为法的做法；此外，附加法规、私立法规太多，更是藐视四法之严肃性、权威性的表现。大法套小法，但小法一多，势必冲淡、消解前者，从而带来报纸出版管理上的混乱和矛盾现象。

1914年4月2日，袁世凯政府制定颁布了比前清报律“稍严”的《报纸条例》。但它最主要的倒退在于司法实践中法行不一，在执法过程中，各地官府层层加码、擅自增益。如发行前呈送警厅备案的规定，在很多地方被发展成出版前的预审制度。每家报纸须缴保证金100-350元的规定，在福州被擅自增加到700元，无力交纳者则被勒令停刊，停刊后也不依法退还押金。办报人须年满20岁以上的规定，在成都被擅改为35岁以上，剥夺了许多有思想、有识见的年轻人办报的权利。

蒋介石民国政府颁布的新闻基础法规虽然只有《出版法》《修正出版法》，外加1945年的《新闻记者法》，但相关的命令、制度却多如牛

① 以上资料来源：方汉奇主编：《中国新闻事业通史》（第1卷），中国人民大学出版社1992年版；《近代出版史料》，中华书局1953年版；《近代中国新闻事业史编年》，载《新闻研究资料》，总第9期。

毛。据国民党政治学校在1940年12月编印的《新闻事业法令汇编》统计，抗日战争前后有40多个新闻法令，另有一些关涉限制自由法令（如《戒严法》）或临时性新闻法令未收在内。其中，专为新闻检查而设的法规多达20多个，占半数之多，而标有“审查/检查”字样的则有16个。1940年后又颁布了一系列检查制度，比较重要的有《杂志送审须知》《修正图书杂志剧本送审须知》《出版品审查法规与禁载标准》。1945年10月“废检”后，继续保持以前的“出版特许”制度。1947年10月，民国政府国防部下令恢复戒严地区的邮电检查。民国政府传媒法规的苛细在于检查制度的繁星密布，也在于登记制度的日新月异。民国政府于1938年开始实行报刊登记办法，明令对于报纸出版申请“暂缓办理”；登记的报纸十之八九是官营和半官营的，绝少有民营新闻事业。根据战后“登记办法”，1945年10月23日，政府特准或暂准在上海发行的只有15家报纸及3家通讯社。1946年，蒋介石政府借登记问题查禁报刊：重庆市被查禁20家，北平查封77家，昆明查封46家。同年1月，内政部发出通令：新申请登记的报刊资本数额须照原规定数额提高5万倍计算，杂志则为25万倍，目的是藉此手段增加报刊申请登记的困难。①

民国政府的报刊附加法多如牛毛，一则说明对言论自由控制的加强，二则说明当局法律观念淡薄。新闻传播基本法（如《出版法》《修正出版法》）被任意更正、补订，以至于到了蹂躏法律的地步。新闻出版法完全被异化为一些琐碎的行政命令和规章制度。如此，立法者心中越是希冀有序，法规和报业就越是混乱有加，于是距离清末传媒法规的黄金岁月也就越来越远了。

1949年后，我国的传媒法制建设迈入新的历史纪元。其基本状况是，最高位阶的新闻传播法一直处于缺席状态，管理书报刊的基本精神

---

① 以上资料来源：《新闻研究资料》，总第6期；张静庐辑论：《中国现代出版史料》乙、丙编，中华书局1955、1956年版。

体现在表 4 – 2 所列的《出版管理条例》中，在这里，只引有关人士对非法报刊的认识以窥其端倪，而对关涉广播电视媒体的管理制度的详细分析请见下节内容。

2005 年 5 月，“扫黄打非办”四次连续行动取缔 169 种非法报刊后，国务院新闻出版总署的负责人在回答记者的提问时，是这么认定非法报刊的：“‘扫黄打非’行动中被取缔的非法报刊，包括了如下情形：未经政府新闻出版管理部门批准，擅自设立；假冒他人刊名出版，以假乱真；假冒境外登记的刊号，在国内制作出版；完全盗用别人的名称，内容东拼西凑，鱼目混珠等等。”这位负责人还说：按照国务院颁布的《出版管理条例》《印刷业管理条例》的规定，未经新闻出版行政部门批准，任何单位和个人不得从事出版物的出版、印刷和发行活动。利用境外刊号在我国境内出版、印刷和发行期刊，并在境内开展广告经营活动，属违法行为；境外出版单位未经我新闻出版行政管理部门批准，在内地擅自进行任何出版活动，属非法出版活动。凡是违法的出版活动和市场行为都必须严查。

（四）法律与事件的相互俯仰

总的来说，世界各国的新闻传播立法在走向开明、走向自由，日益被注入现代观念。它们不像中国的新闻传播法规，起点高，但曲折大。中国新闻传媒法规在三四十年代的大曲折，与美国极其相似。与英、法、日比较，美国是在 20 世纪有立法倒退现象的国家。从总体上讲，中国新闻传媒法规的波折可以说正是受美国影响所致。日本的《新闻纸法》亦“深刻”地被清政府所仿效。中国传媒立法之所以起点高，就是因为当时可以直接借鉴日本 1887 年的《新闻纸条例》、1909 年的《新闻纸法》，在报纸的创办管理制度和办报人资格的规定等方面，清末的报律无不留下日本新闻法的痕迹。于是，中国新闻传播立法伊始就有了西方产业革命后资本主义阶段的新闻法特色。即使是最初的《大清印刷物件专律》，就没有英国斯图亚特王朝规定的事前检查制度，也没有法国封建王朝对办报人印刷人的侮辱性刑事处罚（如流放、船役），没有印花税、知识税、特许制的限制。民国新闻传播法规在出版管理制度方面虽有倒退，但也有些微的现代观念被继承并发展着。

当然，仅是如此远远不够，清末、民国新闻传播法规对个人利益的强调还远嫌欠缺。如创办制度的预防制，苛刻的新闻检查制，办报人资格的政治态度、身份、地位的认定，都是对新闻从业者人权的过分限制，而且从清末报律到以后的《修正出版法》等有越演越烈之势。法律条文是这样，在司法实践中更置个人权益于不顾。李约瑟有一段谈中国制度的话说得好："通过一种独立的司法制度来实施这类法律（指以西方法律为楷模的法律——引注），涉及承认财产权利的绝对性，这与中国社会的价值观念及其社会组织原则相抵触。这些价值观和原则所支撑的传统中国的政治结构建立在一个前提基础上，即公共利益往往必须先于私人利益。如果抛弃这一前提，这个广袤的帝国的官僚政府就会彻底崩溃。"① 这与西方所遵从的以个人诉求为基点的新闻自由观相去何止千里。由此可见，在新闻传媒法制的现代化进程的征途中，还有着扎根深厚的绊脚石。

不过，纵向地比较，只就出版管理制度层面而言，《大清报律》和《钦定报律》有其不可否认的开明色彩和进步特性。这一开明与进步，乃清末特殊情势与事件所促生，细数下来环环紧扣者是：1900 年 7 月 20 日，八国联军侵入北京。第二天，慈禧化妆逃出北京。1901 年 1 月，清廷发布上谕，宣布实行新政。同年 8 月，返回北京后的慈禧太后，为了挽回颓局，宣布更改旧有法制，包括制定"集会言论出版之律"。1904 年 2 月 10 日，日俄战争爆发。战争的转折点是，1905 年 5 月 27 日至 28 日，远道而来的俄国波罗的海舰队在对马海峡同日本联合舰队进

① 潘吉星主编：《李约瑟文集》，辽宁科技出版社 1986 年版，第 297 页。

行了大规模海战（即对马海战），俄国舰队几乎全军覆没。随后日军又占领了库页岛的一部分。至此，大规模军事行动停止，日本取胜。日本以君主立宪的蕞尔小国战胜俄国那样一个专制大国，给清廷上下以很大的震动。清廷遂于1905年7月决定派载泽、端方等五大臣出洋考察，当年12月成行。到次年7月21日，五大臣先后回到中国。五大臣回国后提出需要紧急办理的三件事，其中就有：颁布“集会律”“言论律”“出版律”，对民众的集会自由、言论自由和出版自由进行确定和规范。1906年9月1日，在采纳了五大臣的奏章意见的基础上，清廷发布了预备立宪的上谕，宣布“仿行宪政”。这一年的12月5日，清末立宪派开始结成组织推动君主立宪。1908年8月27日，作为预备立宪的重大成果的《钦定宪法大纲》颁布实施。1908年9月，宣布九年预备立宪，同意成立咨议院和资政院。可以说，立宪活动得以展开的一个直接原因就是1905年的日俄战争。在这样一种历史背景下，朝野上下要求制定传媒法制的呼声重新响起，清王朝也决定顺应历史潮流，着手进行近代传媒法制建设，有限度地开放报禁、言禁，给人们创办报刊的自由权利。在这期间，1906年7月或稍后（五大臣刚刚全部回国），《大清印刷物件专律》《报章应守规则》颁发；1907年8月，《报馆暂行条规》施行；1908年3月，直接参考日本报纸法的《大清报律》颁布；1911年1月，《钦定报律》颁行。两件大事——八国联军侵入北京引发“新政”、日本取得日俄战争胜利导入“仿行宪政”——终于使近代传媒法制建设迈出了坚实的第一步。正是这些“不堪”或“讶异”的事件促使晚清王朝放下身段，选派五大臣去“睁眼看世界”，而且眼睛越睁越大，以至于直接参考、移植日本的相关法律，从而在出版管理制度上有了“惊人的一跃”：从《大清印刷物件专律》《报章应守规则》和《报馆暂行条规》的批准制跃上了稍后两个“报律”——《大清报律》和《钦定报律》的注册登记制。

表4-2八个制度中有三个属于南京国民政府时期。后两个法规的

出台与中国国难有着密切的联系。实行注册登记制的《出版法》于1930年12月16日通过实施，但《出版法实行细则》推至次年10月7日才颁布，它明确，对报刊实行批准制管理。此时，九一八事变刚刚过去20天。严酷的形势催生了严苛的战时舆论管理。1932年1月淞沪之战开战。国民政府在一片慌乱中临时决议迁都洛阳。为了换取舆论的支持，国民党回应国人对言论自由的呼吁，召开国难会议，集思广益将言论自由与《修正出版法》的提案纳入政府的修法工作，放松对舆论的管制。《出版法》于1930年颁布，而1932年初旋即进行修正讨论，从颁布到修正时间很短，个中原因，除了《出版法》本身的不足与舆论的反弹，的确离不开淞沪之战这件大事所催迫的政治与军事形势。然而，1932年5月，《淞沪停战协议》的签订解除了政权延续危机之后，国民党搁置对《修正出版法》的讨论，重新颁布《宣传品审查标准》，收紧对舆论的管制。总之，《出版法》作为官方颁布新闻出版的行为规范，其修正始末及对舆论控制的松紧程度基本上与涉及国民党政权的核心事件共同消长。1935年7月12日，紧承《宣传品审查标准》之精神的《修正出版法》经立法院多次讨论通过。它与1930年的《出版法》比较，内容管理方面的主要变动有：（1）延续1931年《出版法实行细则》的内容，将注册登记制改为批准制。（2）将主管官署由省级政府下调为县级政府。（3）战时禁载事项中，增加了政治和地方治安两项。对于这种加强新闻管控力度的做法，新闻界表达了强烈的反制行为。南京、江苏、北平、上海等地新闻团体与记者公会纷纷向国民党中政会和国民政府请愿，要求复议《修正出版法》。同时，国民党内部如胡汉民等人也公开批评《修正出版法》。在多方压力下，国民政府不得不对它重新修订。后来，1935年底，日本策划“华北自治运动”，西安事变后国共合作，卢沟桥事变引发抗日战争全面爆发，一系列事件使得新闻界与国民政府的关系由冲突转为调适，政府宣布开放言论，新闻界让渡部分权利。《修正出版法》的修订工作重新处于销声匿迹状态。但是，两年以后，政府借机在七七事变的第二天（1937 年 7 月 8 日）让一再难产的、严苛的《修正出版法》终于得以实施。① 从 1930 年到 1937 年，国民政府《出版法》的建设历程历经波折，仿佛坐过山车一般。期间经历了九一八事变、淞沪之战、《淞沪停战协议》签订、西安事变、七七事变等重大历史事件。每一个事件都对《出版法》的命运产生了决定性的影响。由此可见，南京国民政府时期的传媒法制建设具有与具体时事相俯仰的鲜明特点。于此，还有一个反例可资证明。1947 年，由南京国民政府行政院通过的《出版法修正草案》是南京国民政府第二次对出版法进行修正，但是，这一次就没有前一次幸运了，由于一片反对之声，加之又无核心事件能将分裂的人心暂时凝聚起来，所以只好无果而终。

二、中国广播电视法制中“平衡”理念的历史波折

（一）1949 年前的中国广播法规

如果说，事涉书报刊出版管理的人身权利制度变革多与重要事件密切相关，那么，广播电视管理制度的演变却呈现别样面貌：广播电视媒体中经济利益的制度安排除非与意识形态紧密相关，否则基本上与具体事件的刺激并没有很大的直接关联。

我国的传媒管理法属于行政法规。在传媒法中，权利（力）平衡方涉及政府、媒体创办与经营者、媒体消费者（受众）、广告商。木小

① 20 世纪 30 年代南京国民政府几个《出版法》颁行过程中的诸多历史机缘，详细叙事请参见以下两种文献，兹不多述。徐基中：《冲突与调适：三十年代国民政府与新闻界的关系——基于〈修正出版法〉的分析》，见倪延年主编《民国新闻史研究（2014）》，南京师范大学出版社 2014 年版；虞文俊、黄萃：《探析 1932 年〈出版法〉修正讨论》，载《新闻春秋》，引自 http://www.cssn.cn/xwcbx/xwcbx_xws/201403/t20140306_1020771.shtml（访问时间：2014 年 8 月 24 日）。

节以平衡理论[1]为分析工具，针对我国现代主要的广播法规，逐一考察其中不同行政主体、行政相对方或相对人所享有或被赋予的权利（力）状况，并试作简单的纵向比较。

1. 北洋政府的无线电及无线广播管理法规

我国的广播事业开始于无线电通信技术伴随帝国主义列强的入侵而传入我国之时，故而带有很强的政治色彩和民族主义因素。

据有关史料记载，我国使用无线电报始于清朝末年。1905 年（光绪十一年）秋，北洋大臣袁世凯购置无线电收发报机，分别安装在北京、天津、保定和北洋海军的舰艇上，用于沟通军事情报。由于无线电通信技术一开始是用于军事的，所以政府对其管理十分严厉。1915 年北洋政府颁布了我国历史上第一个涉及无线电的法令《电信条例》，它规定无线电器材属军事用品，非经陆军部特别许可不得自由输入我国；未经中国政府有关当局批准，也不允许外国在中国境内私自设立无线电台，擅自收发无线电报。

《电信条例》对无线电器材的这一属性划分体现出政府的一种谨慎的防御心理。在几千年的封建社会里，统治者对思想的钳制是很严厉的，当意识到信息有了自由流通的渠道时，他们习惯性运用的手段就是“堵”。至于对这一新技术的建设性研究和管理则排在次要位置，甚至在最初的时候还未纳入他们的思考范围。也就是说，统治者本能地用一种防御性的法规来阻止尚未本土化的新技术的发展。

无线电广播出现后，北洋政府并没有意识到从无线电报到无线电广播，是科学技术的又一次飞跃，他们对新近出现的现代传播媒介的管理相沿以习，把广播电台与用于通信联络的无线电台等同看待。1923 年 1 月 23 日晚 8 时，奥斯邦电台正式播音，它是中国境内最早的无线广播电台。可是该电台刚刚问世就被北洋政府交通部下令取缔，理由是它违

---

① 平衡理论的具体内容请参见本书第二章第一节。

反了《电信条例》。1923 年 4 月该电台停止播音。奥斯邦电台之后，美国开洛公司（Kellogg Co.）上海分公司创办的开洛广播电台也受到了相同的待遇，由此加强并巩固了《电信条例》诞生以来政府一以贯之的管理原则。

奥斯邦电台出现后，人们把广播叫作“空中传音”。“空中传音”的神奇引发了上海租界里中外听众的“无线电热”，收音机的人均拥有量迅速上升。无线电这一新技术因其信息传递的快捷而有着强大的生命力和吸引力，尤其对于一个传播相对落后、信息相对闭塞的地区而言更是如此。而且早期的广播节目多为新闻和娱乐节目，这对于丰富民众生活、开拓人们视野有很大的帮助，它毕竟不同于那种赤裸裸的军事侵略和经济掠夺。另外，外商经营广播电台的目的多数是为了推销无线电器材，对于他们而言这是赚钱的好机会，因为市场需求旺盛，于是广播媒介的兴盛更多的是经济行为而非政治行为的结果。如果说《电信条例》颁布时因为与之相伴的是外敌入侵，所以确实需要将无线电主权摆在首位的话，那么此时新技术本身已经展现出它的一些优势与特征，表明它也可以是中性的。但是，面对新技术的恐惧感和面对外来信息惯有的抵抗心理，使北洋政府当局在新兴媒体面前不可能与时俱进。

在外商办广播的影响下，中国政府和民营企业也开始涉足这一领域，而相关法规政策的制定也就伴随着这种实践一步步成熟、完善起来了。交通部从屡次查禁广播电台的经历中逐步认识到，播送新闻和音乐的广播电台毕竟不同于一般的无线电台，收音机也不同于无线电收发报机，所以他们开始筹备新的法令。筹备的举措之一就是开展讨论。当时关于制定无线电广播法令的讨论主要集中在广播电台究竟是官办还是商办，收音机是自由出售还是委托专卖，是征收广播（收听）费还是征收各种执照费等几个问题上。讨论的结果是，1924 年 8 月北洋政府交通部颁发了《关于装用广播无线电接收机的暂行规则》，这是中国历史上第一个关于无线电广播的法令。

《暂行规则》的一些条款仍然是依照《电信条例》而制定，但基本精神已有所改变。它规定装用接收机必须由交通部核准，领取执照；还规定了什么区域、什么人、在什么条件下、可以收听什么节目以及执照费等内容，中国公民、华侨、外人都在允许收听之列。由此可以看出北洋政府对待无线电广播的态度已经由无条件取缔改为有条件限制，建立广播电台和出售、安装收音机再也不是违法之事，因为有条件允许装用接收机自然是默许了广播电台的存在。另外，该规则还明文规定允许外国人安装收音机，对外商设立广播电台也采取了默许的态度。这些说明，政府的态度已经由全“堵”改变为有条件地“放”，这显然是对实际状况有了一定的了解之后的适时之举。

北洋政府交通部在拟定关于无线电广播法令的同时甚至之前，开始酝酿筹建官办广播电台，因为他们清楚，在允许收听的情况下一定要有自己的“声音”。但是由于当时各派军阀割据，建台之事一再受阻。只有奉系军阀于 1923 年在哈尔滨建立了我国自办的第一座广播电台，并建立了东北无线电监督处来管理广播事业。此外，1926 年还颁发了《无线电广播条例》《专设广播无线电收听器规则》和《运销广播无线电收听器规则》，这三个无线电广播法规比两年前交通部公布的《暂行规则》已稍趋完备和严苛，它明确规定任何人或任何机关不得在东三省内私运、私售或私设任何无线电机器并经营广播无线电事业，不同于《暂行规则》的默许态度，广播国有国营色彩十分明显。当然，这一法规只是在一定范围内付诸实施。

2. 南京国民政府的广播管理法规

1927 年，蒋介石、汪精卫相继发动“四一二”“七一五”政变，国共合作破裂，军阀混战结束，国民党政权在全国建立了相对统一的统治。为了宣传的需要，国民党政府十分重视对无线电广播的控制。1928 年 7 月，国民党政府的建设委员会设立无线电管理处，8 月 1 日，国民党的中央广播电台在南京开播。是年 8 月至 10 月，南京国民政府发生了诸多大事。8 月 8 日，国民党中央委员会二届五中全会宣布训政开始，标志着以党治国的理念诞生；10 月 3 日，国民党中央委员会第 172 次常务委员会通过具有宪法性质的《中国国民党训政纲领》，正式明确国民党全国代表大会“领导国民，行使政权”；10 月 8 日，国民党中常委任命蒋介石为国府主席，另五人分别为五院院长；10 月 26 日，国府发表《训政宣言》；10 月 31 日，国民党中央政治会议任命首届立法院立法委员。自此以后，中国进入 20 多年的国民党一党专政时代。以这些事件为背景，12 月，建设委员会公布《中华民国广播无线电台条例》，后又公布《无线电收音机登记暂行规则》。但是，一直以来无线电事业都是交通部的管辖范围，建设委员会的此番举动使两者发生冲突。后来，国民党三届二次会议决定无线电事业归由交通部管理。1930 年 7 月 1 日，交通部公布《装设广播无线电收音机登记暂行规则》。这些法规和北洋政府的法规比起来要完备许多，具体体现在：

其一，在广播电台创办管理和内容管理上，国民党政府对于无线电广播的认识较北洋政府深刻了很多。《中华民国广播无线电台条例》在广播电台的所有权和节目内容两个最基本的方面都作了规定，管理上初显系统性。在所有权方面，该条例第三条规定：“广播电台得由中华民国政府机关公众或私人团体或私人设立，但事前须经国民政府建设委员无线电管理处之特许，违者由当地负责机关制止其设立”，交通部公布的有关法令也允许公私团体和个人经营广播电台。在节目内容方面，该条例规定：“广播电台不得广播一切违背党义、危害治安、有伤风化之一切事项，违者送交法庭讯办”，“政府如有紧急事件须即广播者，私家广播电台应为尽先广播，不得拒绝，但得酌量收费”。这表明政府允许民营电台的存在；节目内容方面的限制，除了强制性宣传和不得违背党义外，其多数是在情在理的，也与西方国家商业电台“必须传送”公益信息的原则相符。1929 年，交通部无线电报话管理处拟定的《广播无线电台机器装备使用暂行章程》规定：“广播无线电台播音节目之传单或刊登新闻纸上之公告，应先期汇呈交通部或交通部无线电报话管理处。”这进一步说明，国民党政府在电台所有权放开的基础上，在内容管理上的控制愈趋加强，即采取了严厉的新闻预防手段——事前检查制度。

其二，允许商业电台存在，制定了保障商业活动的条款。《中华民国广播无线电台条例》将广播无线电台分为“经费完全自给”和“以营业为目的”的两种，前者不再向听户征收收听费，收执照费 40 元；后者须向本地领有收音机执照之听户征收收听费，收执照费 100 元。并且规定广播电台可以播出商业广告，收取广告费，但不得逾每日广播时间十分之一。为保障电台经费，早期的上海电台由听众组织播音会，交纳会费资助电台，电台则按播音会要求播送节目。开洛电台曾由外国听众组织的中国播音会（CBA）和中国听众组织的中国播音协会（BAC）两个听众组织出资点播节目，以维持电台的开支。这种做法一直延续到亚美电台成立后的一段时间。后来由于广播电台和收音机的增多，不交会费同样可以收听节目，统一收费点播节目的做法行不通了，听众组织即自行解体，代之而起的是电台以出卖播音时间为客商做广告的经营方法。此后，中小资本家以办广播有利可图，纷纷购机设台，替客商做广告以赢得利润；而且广播电台还可以按照无线电品营业规则，兼营租售收音机件之商业。这些都是广播法规先进理念的直接体现，有其可称道之处。因为商业电台业主是广播事业中一个不可忽视的利益主体，其商业活动应是结构性合法活动，他们的利益必须受到法律的保障。

由于政策法规的允许，20 年代末、30 年代初，我国出现了一批民营广播电台，其中半数以上集中在上海一地。民营台大致有教育性广播电台、宗教性广播电台和商业性广播电台三种。它们的内容多为科学、宗教和娱乐性节目，而距离政治较远。尤其是商业电台，它们多依靠广告收入维持。因此，为了吸引听众，广播节目内容也愈加强调娱乐倾向，娱乐节目播出时间要占全天播音时间的 85% 以上，其中评弹占到第一位，其次为中西音乐、申曲（沪剧前身）、滑稽戏、故事等，甚至经常播出一些迎合小市民低级趣味的污秽俚俗的滩黄、滑稽之类的节目，而其原来的使命——传递新闻已经成了附属品。当然，其中政府对意识形态节目的严厉管制也是这种现象的诱因之一。

1931 年日本帝国主义发动了九一八事变，蒋介石政府采取不抵抗政策，而实际上将矛头指向共产党，宣传上的控制变得更为严厉，试图把广播电台都变成自己的喉舌。

这首先体现在对外商台的限制上。1932 年 11 月，交通部公布《民营广播无线电台暂行取缔规则》，它规定："凡中华民国之公民，完全华商之公司，经在民国政府立案之学校、团体或其他合法之组织，得在中国境内设立广播电台，但须呈交交通部领得许可证后始得装置。其非完全华商之公司及非完全华人国籍之团体，须经在国民政府注册领有注册证书者，始得请领许可证在中国境内设立广播电台"。而其实际的做法是，逐步取缔当时外商所办的广播电台，多以收购、"收归部办"的方式实现其目的。随着日本帝国主义对中国侵略的加深，列强各国对在华利益愈加关注，在此背景下，国民党政府考虑得更多的是外商办台引发的政治性问题，认为他们"在平时固仅以牟利，非常时期则阴为间谍，不仅妨碍我国播音领空之主权而已"，若不从速"先行收回或撤销国境内外人所设之电台，恐将接踵设台，以巨大电力扰乱我中央电台与公营民营电台之播音，并以之作不利我之宣传，势将无法制止或干涉"。1937 年国民党中央常务委员会第 39 次会议通过了《广播教育实施办法》，明文规定："绝对禁止外国人在中国境内设立广播电台"。拿《民营广播无线电台暂行取缔规则》和《广播教育实施办法》与几年前的《中华民国广播无线电台条例》对照，南京政府对待商业电台体现了内外有别的政策。

其次，通过加强对节目内容的管制来限制民营台等非官办电台的发展。1936 年，国民党政府成立了中央执行委员会广播事业指导委员会

(简称中央广播事业指导委员会)，该委员会由中广处、宣传部、交通部、教育部、内政部等国民党党政机关部门组成，由陈果夫任主任委员，是国民党管理全国广播事业的决策机构。10 月，交通部公布了该委员会第 4 次会议通过的《指导全国广播电台播送节目办法》，这标志着国民党政府开始以法律形式着重从广播节目的内容上控制广播电台。1937 年 2 月至 3 月，国民党五届三中全会通过“根绝赤祸案”，解散苏维埃政府，收编红军，停止赤化宣传，停止阶级斗争，中国共产党接受“根绝赤祸案”。4 月，继上述《播送节目办法》之后，交通部又公布了《民营广播电台违背〈指导播送节目办法〉之处分简则》和《播音节目内容审查标准》。这些法令明确规定：广播电台每天的播音节目从种类、播送时间到标题、担任人员姓名都应预先呈交中央广播事业指导委员会审阅；各广播电台播音节目的时间内必须按交通部的规定转播中央广播电台的播音，无转播设备者届时停播。另外，中央广播事业指导委员会制定的《教育节目材料标准》还就新闻类节目作了规定：“国内外重要新闻均根据中央社稿或采用当地报纸上的‘中央社电’或收录中央电台之广播新闻。”要求重要新闻高度一致化。1928 年《中华民国广播无线电台条例》中的“必须传送”原则到这时演变为《教育节目材料标准》中的严苛的新闻统制政策，从一种信息必须得以广播而变为只能广播一种信息。这样一来，节目审查的主要对象实际上就是娱乐节目。虽然法令明文规定禁止播送违反善良风俗、宣传迷信、词句猥亵的故事、歌曲、唱词，但实际上在审查中，一些充满低级趣味的娱乐稿件，如《四大美人》《月下幽情》等都得到许可，而制止得最为严重的反而是《救亡进行曲》《中国人不打中国人》等反对内战、奋起抗日的歌曲，这与此时国民党政府为了钳制公众舆论，镇压进步的、革命的新闻出版活动而实施的严苛的新闻出版检查制度是一脉相承的。《民营广播电台违背〈指导播送节目办法〉之处分简则》和《播音节目内容审查标准》与八年前的《广播无线电台机器装备使用暂行章程》比较，其完善并发展了南京政府的广播内容事先检查制度，可谓深文周纳，详尽赅备。自中央广播事业指导委员会成立至抗日战争全面爆发前的一年多时间里，民营广播电台被撤销九座，暂停播音四座，受警告处分三座。

抗日战争全面爆发后，各方利益集团进入一种紧张的对抗状态，各方的价值取向都单一地体现在维护自身的利益上。国统区，国民党政府一方面加强战时广播的宣传力度和抗御日本侵略者的广播宣传，另一方面积极反共，利用法规和一些非法手段试图干扰、破坏、取缔共产党的广播电台；在沦陷区，日本帝国主义掌握了广播事业的领导权，进行奴化宣传；在解放区，共产党积极建设自己的广播事业，进行抗日宣传。战时广播管理呈现为一片混乱状态。

日本帝国主义投降以后，解放战争开始。国民党政府先是积极接收日伪广播电台，接着，1946 年交通部公布《广播无线电台设置规则》，将广播电台分为三类：交通部所办的国营广播电台，其他政府机关所办的公营广播电台和中华民国公民或正式立案完全华人组织设置之公司、厂商、学校、团体所设的民营广播电台，而外籍机关人民、非完全华人组织设置的公司、厂商、学校、团体一律不准在中国境内设立广播电台。此规则虽然允许民间办广播电台，但是却从电台的设置、分布、数量、发射功率以及广播内容等多方面加以种种限制，比如国民党官办电台一个台可以使用三个频率，而民营台 20 多家却只能使用 15 个频率，只能轮换播音，于是民营台在此打击下变得一蹶不振。但是，也有在夹缝中求生存者。从 1946 年 8 月起，上海市电信局陆续批准 23 座民营电台播音，同年 10 月 11 日上海市民营广播电台同业公会成立，除此之外的民营电台均在被取缔之列。即使是这样，国民政府上海市电信局、淞沪警备司令部和市警察局三方仍然曾多次采取联合行动查封“非法电台”。1948 年 10 月，国民政府国防部以“戡乱”宣传需要为名，准许上海 16 座“军营”电台播音，将“非法电台”合法化。除了“建台”

方面的限制外，国民党政府还在“收听”方面加以限制，1948 年，交通部修正公布《广播无线电收音机登记规则》，设立了十分烦琐的登记程序，并且多次下令禁止收听解放区的广播。

由此我们可以看出，自 1928 年的《中华民国广播无线电台条例》开始，国民党政府就试图限制官办电台之外的声音，直至绝对禁止外台和严格限制民营台，管制愈演愈烈。具体而言，在所有权上，外商电台在 1937 年后被明文禁止，而民营电台一直是被允许的，这多少体现了国民党政府的资本主义体制下的媒体运营色彩；在节目内容上，管制一直是很严苛的，对于非官办电台而言，几乎只有娱乐性的内容是被允许的，因为他们多数为商业性质的电台，广告收入直接关乎他们的存亡，所以低俗煽情的内容成为主打，而在政治上他们基本上处于失语状态，甚至，主打的娱乐性内容也常常成为官方管制政治内容的突破口。至于对那些政治上对立的声音（如中国共产党电台）更是不惜以非法手段（如任意而为的新闻检查行为）消灭之，其对广播的管制与对报刊的管制并无二致。[①]

3. 理论性归纳

综观上述两段时期的广播事业，其社会历史环境的最大特点是——不稳定。外敌入侵、军阀混战、国共分裂、抗日救亡、内战爆发，各种力量此起彼伏，政治整体始终都在未形成或未稳固之中。依照一方的威权统治而订立的规则虽然得以颁行一段时间，但威权不够或未达之处，其必然会受到其他方的挑战。这种挑战表现在各方的各自为政上。这种挑战不是一个整体内部各组成部分之间相互利益冲突或转让的表现，而是各个不同的整体间的斗争。此时，政治上非整体状态必然表现为行政法规中行政权力的撕裂和行政主体针对相对方的霸权状态（战时传播政策就是其典型）。博登海默（Edgar Bodenheimer）认为，法律是正义

① 请参见本章第一节内容。

和秩序的结合体，这里的正义和秩序都是对一个整体而言的。[①] 在一定范围内，如果还存在多个利益整体，并且彼此无法共同商讨，那么必然不能形成超越各方的价值追求，法律的秩序就无法诞生，就不能保证一部整体法的出现，即权利（力）的平衡无法实现。具体而言，在上述我国现代广播法规中，平衡理念的弱化主要表现在：1. 政府在广播中的权力过于强大，宣传压倒一切，媒体的内容处在党国的绝对控制之下，新闻检查手段用到极致；2. 没有法律条款明示鼓励和保护公平竞争，即使一直允许民营广播存在，它也始终处于弱势；3. 作为传播的一方，甚至是主要的一方，广播消费者（听众）的权益保障内容付诸阙如。但是，还不至于说其缺失平衡理念，虽然这种理念是在若有若无间。如毕竟基本上给予了民营商业台的存在空间（虽然有时是字面上的），承认了商业台依靠广告赢利的合理性。我们现在回过头去研究1949 年前的广播法规时，一则必须设身处地地体察其非“整体”状态下的失衡性；二则又要深加苛责这种失衡特性，因为，上文分析的非“平衡”状态法规并不是全部处于战争时期，特别不全是在八年全面抗战时期，而战时新闻制度是可以作为例外存在的。

我国现代广播法规中的平衡观念未能很好形成，除了上文所分析的“整体”撕裂导致如下现象——在动荡时期，国民党政府最先考虑的只能是政权的稳固，意识形态上不能见容于人，它力求以威权统治去填补价值共设的缺失，所以在匆促和功利的心理主宰下，它不可能从平衡的角度去思考广播法规的订立——之外，还因为：1. 广播媒体作为一种新兴传播手段，其技术力量尚未引起人们的足够重视，加之统治者的旧有传播观念的阻滞，法律制定者未去充分掂量不同主体的权利要求；2. 虽然政府与电台的民营方似乎在达成统一的追求，但是后者因为商业利益的驱动而在内容上一而再再而三地出位表现，使得法规制定者浓墨重

① ［美］博登海默：《法理学：法律哲学与法律方法》，邓正来译，中国政法大学出版社 2004 年版，第 227 – 329 页。

彩地限制节目内容有了“正当”的口实，而一如上文所述，真正限制的却又不主要是纯娱乐节目。由此可见，法律的完善还需要一个多方成熟的过程。

（二）新中国广播电视制度的建设历程

广播电视不同于其他媒体的一大特点就是，它的庞大的技术组成部分和由此带来的强大的传播功能。因此，对它不论是加诸政府管理还是放入市场运作，都要求有非常细致的规范和考量。而且，它活动于政府、市场与民众之间，从客观上讲三方均不能越权干涉其他方，此时依法管理与运作就显得尤为重要。

我国的广播电视立法起步较晚。新中国成立之后，广播事业在延安广播的基础上发展起来，经过私营广播电台的社会主义改造，开办对台湾广播、少数民族语言广播，加强对国外广播，创建有线广播电台。其后经历十年浩劫，再到改革开放之初，然后日臻完善。在这个相当长的发展时期里，我国广播电视系统的法制建设十分薄弱，广电部门主要靠方针、政策等行政手段进行人治化管理，基本上处于无法可依、无章可循的状态。

直到 1986 年 1 月，广播电影电视部成立后，这一局面才有所改观。该部担负制定广播电视部门规章的任务，还担负着《广播电视法》和广播电视行政法规的草拟任务。同年 5 月，广播电影电视部着手制定“七五”（1986 - 1990）期间的立法工作计划，明确广播影视系统的法规分为三个层次：全国人大颁布的法律，国务院颁布的行政法规和广播电影电视部颁布的规章。然而，虽然到 1991 年已拟出《广播电视法》第六稿，但由于制定大法的客观条件还不具备，比如与邮电部门的工作关系还没有理顺，《新闻法》还没有出台，所以广电法的出台不得不延期。

1997 年 8 月 11 日，国务院发布《广播电视管理条例》，第一次以行政法规的形式对我国广播电视活动进行全面规范，这是目前法律效力最高的广播电视领域的法律规范。下面我们就以1997前、1997中和1997后三种时态来具体分析我国广播电视（含电影）法制建设。

1. 1997年前：急用先立

我国第一部关于广播电视的行政法规是1987年4月24日颁布的《广播电视设施保护条例》，“七五”期间还颁布了《卫星地面接收设施接收外国卫星传送电视节目管理办法》（1990年）、《有线电视管理暂行办法》（1990年），1993年制定了《卫星电视广播地面接收设施管理规定》。1997年前，还颁有广播电视、电影、音像、计划财务、技术、外事、劳动人事、安全保密等内容的部颁规章66个和规范性文件13个。另外，各省、自治区、直辖市根据本地广播影视事业的需求，由地方人大、政府或广播影视部门制定了100多个地方性的广播影视法规和规章。

以上制度表现了我国在广播电视立法上的一个原则——“急用先立”原则，即，把立法的顺序颠倒过来，先急后缓，先易后难，先出台具体的行政法规和规章，而把综合性的法律放在后面；把主要的精力投向应对新技术带来的问题上，制定相应的法规、规章和规范性文件，从而先行规范广播影视某一方面的工作，而不是全面规范整个广播影视工作。

这里，我们有必要先了解当时的立法背景。进入90年代，广播电视领域出现了一些问题：一方面，一些地方在经济利益的驱动下，乱开频道，乱播滥放格调不高的影视录像片，有的有线电视台还擅自接收境外卫星电视节目；进口影视节目也存在审查不严的现象；社会上则出现了争抢建立有线电视网、乱开播出前端，甚至发生了随意开办广播电台、电视台的问题。另一方面，广播电视新技术飞速发展，有线电视、音像制品、卫星电视接收业务进一步发展，电视剧摄制逐步社会化。从这一背景中我们可以看出，制造事端、引出问题的主体主要是占有一定资源的非广播电视政府组织，比如拥有卫星电视或有线电视的单位，或者拥有资源的一般地方政府部门。这些组织首先出位抢占政府相对人的利益，所以政府针锋相对制定法规来管制这些资源，实现归口管理。这就解释了为什么我们要先在有线电视、卫星电视、设施保护等方面分别制定法规。

当然，“急用先立”虽然可以补缺漏洞，但是显然缺乏全局上的优势。有学者分析，我国体制改革和法制进步具有明显的“自上而下”的特点，即体制和制度的革新，由政府高层发动，逐渐推进至基层。但是，这种“自上而下”的改革并不是按照事先设计好的详细计划协调进行、全面推进的，它恰恰表现出缺乏计划性和系统性的特点或“缺点”。这与决策者“摸着石头过河”的决策思维密切相关，所以，法制的发展表现出分散和不均衡的特征。这就是我国法制表面上和形式上具有“主动推进”的外形，而实际上却呈现出被动性、分散性和不均衡性的原因所在。[①] 广播电视的立法显然也具有这一特点。

即使是这样，“急用先立”仍然具有时代的合理性。

首先，我国是大陆法系的国家，法律渊源是制定法，而不同于英美法系国家多为判例法。就一个行业而言，判例法无疑具有一定的优势，判例在实践中产生，成为鉴往知今的参照。而成文法的制定不可能先于事实的发生，所以新的事物产生后，法律必然有一定的滞后性，这是事物发展规律使然。从这个意义上说，为了赶上“形势发展”，“急用先立”的原则虽然可能导致分散性、不均衡性，但也在一定程度上照应了现实的紧迫性，这也许是立法过程中不可避免的问题。其次，根据博登海默的观点，“由于法律力图增进社会的秩序价值，因此它就必定注

① 冯军：《论我国传媒法改革的结构性契机——基于传媒经济性的分析》，http://www.iolaw.org.cn/showarticle.asp?id=1226（访问时间：2004 年 5 月 20 日）。

重连续性和稳定性的观念”,[①]“反映在先例与遵从法规这两个原则中的法律的秩序功能，有一种使法律变得呆板僵化并守成当下社会与经济现状的倾向。它增进了法律所固有的溯及力量与惰性力量，并使法律制度具有了某种程度的抗变性质”。[②] 法律的效力等级越高其规范能力越强，稳定性也越强，如果设置不好，其阻碍实践的能力也越强，所以在我国广播电视事业迅速发展的时期，上位法的“慎重立法”是必要的，不能让僵化的条文阻碍了实践的发展。这时，为弥补缺漏，必须随机应变订立下位法。

2. 1997 年中：权利收束

1997 年 9 月 1 日,《广播电视管理条例》（以下简称《条例》）终于开始实行，它是迄今为止广播电视工作覆盖面最宽、位阶最高的法规，涵盖了广播电台、电视台的设立，广播电视传输网的建设与管理，广播电视节目的制作与播放等内容，在我国广播电视业法制化建设道路上具有里程碑意义。

如何认识《条例》这一行政法规呢?

首先,《条例》给予政府较大的自由裁量权。《条例》是一个行政法规。制定行政法规和规章的行为属于行政立法行为，也就是说它的立法主体是行政机关，比如国务院和广电总局（1998 年前为广播电影电视部)。《条例》对于政府权限的给定标准存在一定的模糊性：第一，在电台、电视台的设立上,《条例》规定应具备的条件是：“（一）有符合国家规定的广播电视专业人员；（二）有符合国家规定的广播电视技术设备；（三）有必要的基本建设资金和稳定的资金保障；（四）有必要的场所。审批设立广播电台、电视台，除依照前款所列条件外，还应

① ［美］博登海默:《法理学：法律哲学与法律方法》，邓正来译，中国政法大学出版社 2004 年版，第 340 页。

② ［美］博登海默:《法理学：法律哲学与法律方法》，邓正来译，中国政法大学出版社 2004 年版，第 342 页。

当符合国家的广播电视建设规划和技术发展规划。”其中并没有具体的量化规定（哪怕是大致的量化），从而给予广电行政部门很大的审批自由裁量权。第二，在广播电视节目方面，实行“播前审查，重播重审”，标准为：“（一）危害国家的统一、主权和领土完整的；（二）危害国家的安全、荣誉和利益的；（三）煽动民族分裂，破坏民族团结的；（四）泄露国家秘密的；（五）诽谤、侮辱他人的；（六）宣扬淫秽、迷信或者渲染暴力的；（七）法律、行政法规规定禁止的其他内容。”这些是没有疑义的。但是同时规定：“电视剧的制作和播出管理办法，由国务院广播电视行政部门规定”“用于广播电台、电视台播放的境外电影、电视剧，必须经国务院广播电视行政部门审查批准，用于广播电台、电视台播放的境外其他广播电视节目，必须经国务院广播电视行政部门或者其授权的机构审查批准”“广播电台、电视台播放境外广播电视节目的时间与广播电视节目总播放时间的比例，由国务院广播电视行政部门规定”“广播电台、电视台以卫星等传输方式进口、转播境外广播电视节目，必须经国务院广播电视行政部门批准”“广播电台、电视台播放广告，不得超过国务院广播电视行政部门规定的时间”。这些都没有给出具体而明确的标准。另外，“国务院广播电视行政部门在特殊情况下，可以做出停止播出、更换特定节目或者指定转播特定节目的决定”。可见广电行政部门在节目审查和批准方面自由的空间很大。

其次，缺乏行政救济方面的规定。《卫星电视广播地面接收设施管理规定》第十二条规定：“当事人对处罚决定不服的，可以依照有关法律、行政法规的规定，申请行政复议或者提起行政诉讼。”《卫星地面接收设施接收外国卫星传送电视节目管理办法》第十三条规定：“当事人对罚款或者吊销《许可证》不服的，可以在收到处罚决定书之日起十五日内，向同级人民政府申请复议，也可以向人民法院起诉；对行政复议不服的，可以在收到复议决定书十五日内向人民法院起诉。”《有线电视管理暂行办法》第十二条规定："当事人对广播电视行政管理部门的行政处罚决定不服的，可以在收到处罚决定书之日起十五日内，向作出行政惩罚决定的机关的上一级机关申请复议，上一级广播电视行政管理部门应当在收到复议申请之日起一个月内做出复议决定。当事人对复议决定不服的，可以在收到复议决定之日起十五日内向人民法院提起诉讼。"但是《条例》中没有这些内容，原因是前三个法规的管理对象涉及较为明确的非广电政府组织的单位、团体等，而《条例》是广播电视事业的全面规范，控制、管理的立法思维使得它未及考量权利方、权力相对方的复杂内容，比如对于受众（即消费者）的利益保障是缺席的，诸如"投诉"等内容均没有出现。它没有意识到政府部门既是广播电视机构的授权方（即权力方），同时又是广电机构和消费者的权利相对方，政府部门的行为并不天然地具有正确性和正当性；《条例》里必须有控制行政滥权的规定和行政侵害相对方权利后的救济规定，只有这样，才能实现权利（力）的平衡。

据此我们可以清晰地看出该《条例》的"行政"法规的表征，它强调的是一种行政行为，由行政官员制定，并遵循行政首长负责制原则。它是政府为其管理活动自定其法，是"既当裁判员，又当运送员"的角色表演。它与民选代表制定的法律有明显区别，在涉及公民基本宪法权利与自由时，存在损害或侵犯公民权利和自由的嫌疑。① 按照博登海默的观点，法律的基本作用之一乃是约束和限制权力，迫使掌权者按一定的行为方式行事。它所寻求的乃是政治和社会领域中的妥协、和平与一致，通过对无限制的权力设置障碍，试图维持一定的社会均衡。而行政法规因为不是法律（狭义的），所以保障的权利单一，在保障广播电视活动中政府之外的利益主体的权利方面的力度显然不够，这就无法很好地限制政府的权力，从而极有可能导致政府垄断的局面。也就是

① 冯军：《论我国广播电视法立法的若干问题》，http：//www. iolaw. org. cn/showarticle. asp？ id =405（访问时间：2004 年 6 月 12 日）。

说，虽然《条例》的颁布是广播电视史上的一大进步，在治散治滥的背景下，加强统一管理是十分必要的，但是从长远来看，仅有如此的行政法规是远远不够的。

我国的广播电视体制是国有国营体制，而西方许多国家都是同时存在国有广播电视和私有广播电视。它们的有关法律管理一般是分头进行的。比如英国的广播电视就是国私并营体制：议会下设文化媒介体育部，将国有广播电视和对外广播电视作为一类，将私有广播电视作为另一类。规制国营广播公司——英国广播公司（BBC）的法律文件是皇家特许状；规制私营广播电视的法律文件是英国的《广播法》。

1996 年的《关于续延英国广播公司的皇家特许状》规定了 BBC 的组成、特许状期限、公司目标、对海外让渡的限制、对服务的规定和审查、公司组织、咨询机构、民族广播委员会英格兰地区委员会、组织、财政、年度报告和财务账目说明，但是总的来说政府的管制是很松的。公司目标第一条规定了其是“作为公共服务，为大不列颠及北爱尔兰联合王国的公民及位于本国领域船舶或航空器的普遍接收提供（以模拟或数字的方式进行的）声像广播服务，提供消息、教育、娱乐节目（此项服务称为“国内服务”），为王国之外其他国家和海外地区提供服务（此项服务称为“世界服务”。“国内服务”和“世界服务”总称为“公共服务”）”。其资金来源为“收取电视执照费，并且接受由王国议会和民族遗产大臣提供的资金”，也“可接受所有来自其他来源的资金”，只要是用于公司发展之目的而不是“私分获利”就行。只要公司正常运转，政府几乎不加干涉。同时在“民族广播委员会”一节中规定“公司应任命 3 个民族地区广播委员会，分别为苏格兰广播委员会、威尔士广播委员会、北爱尔兰广播委员会”，其职能是代表所在地区人民监督公司，提出建议，保证本地受众的任何评论、建议或投诉能得到公司的考虑和处理，并且公司还要支付给委员会各成员为履行职务合理支出的经费。总体而言，皇家特许状显然不是强调政府对公司的管理，而是强调其公共服务性质，在给予公司很大的自由度的同时要求其保障受众的利益。

英国的《广播法》主要规制私营广播电视，即商业广播电视。英国政府先后于 1981 年、1984 年、1990 年和 1996 年制定了《广播法》。根据《1990 年广播法》，商业广播电视的管理机构是文化媒介体育部下的独立电视委员会（ITC）和无线广播局（RA），实行执照制度，每一种服务的执照都通过竞标，颁发给最高出价人。在此之前，还要经过资格认定和相关的考察。有线电视节目执照和卫星电视节目执照，是根据独立电视委员会制定的节目准则以及消费者保护规定颁发的；在竞争制度方面，独立电视委员会必须确保履行法律职责，确保在英国境内，广播服务的竞争是公平有效的，服务的范围是广泛的；在节目上，要求第三频道的执照持有者使用委托节目制片人的节目数量不少于播出总量的 25%，这是出于公平竞争的考虑；第三频道的执照持有者不仅要提供儿童节目、地方节目和宗教节目，还必须提供高质量的新闻和时事报道，这是出于受众利益的考虑。而《1996 年广播法》对《1990 年广播法》的某些条款做了修订，其中最主要的内容是建立英国数字地面广播的管理机构，以及放宽《1990 年广播法》中有关媒体所有权的限制。①

可见，英国的广播电视法律以较高的法律效力，分头管理的模式，可以兼顾多方的利益，限制权力的垄断，达到广播电视事业的平衡反展。

3. 1997 年后：市场应对

《广播电视管理条例》一出台即落伍。

1997 年之后，尤其是进入 21 世纪之后，新技术、新问题随之出现。2004 年 12 月 1 日，广电总局社会管理司司长才华在国家广播电影电视总局门户网站“在线对话”栏目与公众进行在线交流，公众的提

---

① 《英国广播法简介》，http://info.broadcast.hc360.com/html/001/003/006/002/50787.htm（访问时间：2004 年 6 月 28 日）。

问涉及电视广告的播放、影视剧的制作权限、视频点播、楼宇电视、移动电视、手机电视、个人 DV 等问题。这些还只是新出现的问题中的一小部分，但显然很多已经不在《广播电视管理条例》的范围之内。当然政府似乎并没有袖手旁观，才华司长在回答问题时屡屡引用法规制度作答，上述问题除楼宇电视外都有相关的规章、规范性文件予以管理，可见广电总局在管理上的确十分“敬业”。截至 2004 年 12 月 31 日，广电总局共颁布部门规章 46 件，规范性文件就更多了。

但是往往出来的是数量众多的等级较低的制度。为了使管理跟上实践的步伐，广电法制建设再一次显现出了十足的迫切性。人们企盼，广电立法趁此良机一步到位。可是这一次面对的问题似乎更为复杂，具体而言有：

其一，制作和播出主体多样化。以前的广电节目的制作和播出主体合一，呈现单一化局面。“制播分离”乃是应合市场竞争的要求，让多个独立的市场主体在竞争中提高节目质量。主体的多样化使得广电节目的制作和播出的垄断局面逐渐得到改变。

其二，打破地域竞争限制。我国的广播电视管理采取“四级办、四级管”模式，其特点是条块结合、以块为主，条块分割现象严重，特别是省级以下电台、电视台不能越雷池一步。现在，省级电视台则想尽一切办法利用卫星频道突破地域限制展开传播竞争，中国教育电视台的身影也信心满满地出现在这场竞争的洪流当中。

其三，民营资本和外资进入。新世纪前后，我国形成了一种新的电视运营机制，即“国民联盟”模式。关于此模式的组成特征，它由民营公司、国有电视台和行业主管部门三方构成。三个主体分别提供资本支持和专业制作队伍、提供节目的播出平台、提供信息资源和政策支持。[1]

① 尹鸿、李德刚：《2003：中国广播电视产业备忘》，载《南方电视学刊》2004 年第 1 期。

其四，新技术不断涌现。2003年底，在长沙闭幕的全国广播影视会上，国家广电总局确定2004年为广播影视工作“数字发展年”。从这一年以后，电台、电视台制作播出系统设备数字化、网络化，广电节目提供商，网络传输商、集成运营商、接入服务商逐渐形成一个产业链条，付费频道已经开始运作，现代企业制度和现代产权制度越来越明晰。另外，网络电视、楼宇电视、移动电视、手机电视、个人DV片等新事物在知识产权方面亟待规范和引导。

此时，《广播电视管理条例》与现实状况存在严重的脱节。《条例》是我国最高位阶的广电制度，其中，原则性的规定所在多有，所以，一直以来，它留下的具体规范空间多靠其他制度或行政手段加以填充。比如广电规章，比如规范性文件。规范性文件完全就是行政机构内部的管理章程。虽然它可以对《条例》作新的拓展，但《条例》毕竟是目前广电领域里法律层级最高的规范，如果在《条例》中，前文所述的现实新情况却没有应对之策，甚至还有扞格不通之处，那么就不能说我们的广电法规是适时而变并令人满意的。比如以下诸多问题的出现就不能说没有《条例》的责任：政企权责不清，运动员与裁判员身份混淆；行业准入限制过严，社会资源作为旁观者，只是充当广电事业发展的“游资”；宣传抑或产业属性无从厘清，广电垄断局面日益严重；良性竞争无法形成，广电节目生产低水平重复，等等。

制度经济学里有一个概念叫“制度成本”。“国有国法，家有家规”“无规矩不成方圆”，无论是一个家庭，还是一个国家和地区，都必须依靠一定的制度来维系。如果制度设计合理，社会就能良性、有序地向前发展；如果制度设计有缺失，社会就要为此种缺失付出一定代价。即，要为制度付出成本。恰如上文所分析，现行的《广播电视管理条例》就是这样一个要为中国广播电视产业发展付出成本的制度。但是，好在1997年后的有关规定有限度地赋予了市场中各方主体的利益和权利，部分地维护了权利多方的平等地位，一定程度上体现了行政管理制度的核心理念“平衡”理念，如《广播电视节目制作经营管理规定》规定：“国家鼓励境内社会组织、企事业机构（不含在境内设立的外商独资企业或中外合资、合作企业）设立广播电视节目制作经营机构或从事广播电视节目制作经营活动。”《关于发展我国影视动画产业的若干意见》第七条、第九条明确提出，要在影视动画领域积极培育交易市场，实行制播分离制度；鼓励多种经济成分参与到这个市场中来，开发与经营影视动画产业。《广播电视有线数字付费频道业务管理暂行办法（试行）》也有相类似规定，不再赘言。这些制度一定程度上加强了市场竞争的引导与管理，预示了我国广电制度发展的未来走向。

4. 广电制度建设的两大原则

我国 1997 年之前的广电制度建设，以“急用先立”为依据。总结最近 20 多年来广电制度的发展历程，在认清《广播电视管理条例》的缺陷和缺乏外来刺激性事件促成制订《广播电视法》的情况下，强调其“低位法先行”和“慎重立法”这两个原则有其现实必要性。

首先看“慎重立法”。“慎重立法”与“低位法先行”是一枚硬币的两面。“慎重立法”不是指不立法，而是指慎重订立高位法，先尝试低位法；“低位法先行”则是“慎重立法”理念下的具体立法举措或表现，是低位阶的法规和低价值的内容先行“试水”。之所以要“慎重立法”，是因为法律一旦成形就具有稳定性，如果法律非良法将成为实践发展的阻碍，增加制度成本。1997 年后，广电法规呈现出较强的变动性，但是制度的变动也必须慎重。一些新立制度显示，新世纪广播电视的立法目标着重考虑的是一些盲点问题，比如建立和维护广播电视行业的竞争秩序，保护消费者在广播电视活动中的合法权益，保护知识产权等。这些都是远离“政治”的问题，参照与移植别国的经验并无大碍。同时另一方面，广电法作为公法，政府的行政权力应从立法中加以限制，而这一“高价值”理念要在法律条文之中得以具体实现，其过程相当复杂，因为整个广电事业涵盖面广，而且我国广播电视还有视意识形态功能为生命线的传统，甚至将其凌驾于产业属性之上，它显然不同于英国的公私并存又分立的形态，因此慎重立法是应该的也是必然的。因为，即使仓促订立出《广播电视法》这样的高位法，在有关体制固化的当今，恐怕也只能是已有的《广播电视管理条例》的翻版。

其次看“低位法先行”。“低位法先行”是“急用先立”的别样表达，因为所谓“急用”者指的就是具体的、无涉宏大主题的事项，其基本上被低位法所规范。笔者认为，规章、规范性文件等低位阶制度先行的做法具有合理性。这些规章、文件能起到法律试行的作用。“在法律试行中，实验性过程内在化，是立法的有机组成部分，规范制定的标准不取决于一次性的决定行为，而存在于多元竞争不断反馈的法律体验之中。换言之，法律在作为可变之物被社会反复体验的过程或者程序之中获得其正当性认可。”① 法律“其本质是在立法竞争机制中鉴别和选择最好的或者较好的规范内容的实践理性”。② 以广电总局的规章为例，其涉及管理层面的多方面内容，每一项内容又细分为更具体的内容，比如关于电视节目管理的规章就有节目制作经营管理、视频点播业务管理、节目传送业务管理、中外合资与合作节目制作经营管理、互联网视听节目管理、境外节目引进与播出管理等近十个方面。这条条块块的管理规章等于是在进行多方面的管理试错，也是将立法的妥当性的举证责任分散化，对于最终的全面法的制定具有直接的借鉴意义。

当然，试行法（包括上述规范性文件这一非法律性文本）因其可变性而需要支付一定的社会成本，如前面提到的现实中存在的诸多问题。但是更有意义的是，这些规章和规范性文件体现了对所有制管制的放松、对市场规则的强化、对公平竞争的促进，以及对消费者权益的保障倾向，加之，2001 年和 2004 年广电总局又颁布了广播电影电视行政复议、国家广电总局行政许可实施检查监督、广电立法程序等三大方面

---

① 季卫东：《法治秩序的建构》，中国政法大学出版社 1999 年版，第 156 页。
② 季卫东：《法治秩序的建构》，中国政法大学出版社 1999 年版，第 158 页。

的直接约束行政部门权力的制度，这些无疑都是对我国广播电视施以科学管理的良好趋向的开端；再结合此前的高位法《广播电视管理条例》对于权利和竞争的抽象、缺位表现，加之没有外部力量对制度变革的促进，这些都为“低位法先行”和“慎重立法”原则对于广播电视业规范竞争、平衡权利所起作用提供了或直接或间接的证明和显示了事实上的必然性，可以说，此两原则是目前我国广播电视制度建设的行之有效的模式。

5. 未来之路

承认既成现状的一定合理性，并不等于不去反思现实弊端的危害性。认可广电制度建设的“低位法先行”和“慎重立法”两大原则，与努力从法律层面宏观调整我国广播电视现存体制并没有根本性矛盾。

在全国文化体制改革的大趋势下，近年来，广电行业不断推出重大改革举措。但认真考察，一些改革在基层几乎都发生“操作变形”。特别是集团化改革，有多少个集团（总台）就有多少种不同的构架和运行模式。它使得宣传部、集团（总台）与台之间的关系更为复杂。尤其是在集团化过程中，产生了用行政手段解决市场的严重问题。究其根源是广电集团的事业属性与产业属性的冲突。只有对广电集团事业属性与产业属性做出清楚界定，才能解决集团化改革中遇到的一系列问题。而这一界定，端赖一部宏观的《广播电视法》的明确规定。所以，广播电视制度建设任重而道远，它迫切需要“顶层设计”。

在相关法律缺失的情况下，业界和学界着手从宏观层面解决广电管理问题，无异于盲人摸象。中国广电业的“集团化”改革在行政指令下迅速推开，又在几年后偃旗息鼓。这一场来去匆匆的改革不仅显露出中国广电监管机构改革行动的盲目性，同时也反证出中国广播电视产业化过程中法律的“软肋”。

事实上，“集团化”推出之时便遭到一些学者的质疑。徐舫州在《中国电视改革的问题及对策》一文中列举了中国电视积年形成的一些顽症，比如，“身份不明、条块分割等等，因而制播分离的改革措施根本不可能到位，只能是一句空泛的口号”。并认为，“电视台实行制播分离，必须首先建立频道负责制”①。孟建在《透视大整合中的中国电视业》中也指出了几个问题：“集团化改革是否真正成为了‘大洗牌’，中国电视业的‘大洗牌’是否缺乏市场经济的法制基础；中国电视业的‘大洗牌’后，电视业是否缺乏竞争的活力。”作者也呼唤尽快建立“相对独立的频道制（独立经营，独立运作）”②。这些意见给人们以两点启示：1. 广播电视发展必须有适应市场经济的《广播电视法》的引导与保护；2. 在《广电法》缺失的前提下，广电行业的改革只能从微观和中观层面着手进行，并逐步寻求边际突破，或为宏观突破积累经验与资源。

（三）中国有线电视法规的法律价值内涵

1. 相关的概念和研究的问题

法律价值是指法律的存在、作用及其发展变化对一定主体需要及其发展的适合、接近或一致。③ 法律价值是一个由多样性内涵构成的复杂体系。古代西方学者和中国学者们认为，法律与秩序是密切相关的，秩序（安全）被视为法律的基本追求。如，“法律（和礼俗）就是某种秩序”④。“与法律相伴随的基本价值，便是社会秩序。”⑤ “一种法律或法律制度可能并不追求所有的法价值，但它却不能不追求秩序。”⑥ 现今，大部分学者都将秩序、自由、平等、效率、正义、利益等作为法律的价

---

① 徐舫州：《中国电视改革的问题及对策》，载《现代传播》2000 年第 4 期。

② 孟建：《透视大整合中的中国电视业》，载《现代传播》2001 年第 5 期。

③ 谢鹏程：《法律价值概念的解释》，载《天津社会科学》1996 年第 1 期。

④ ［古希腊］亚里士多德：《政治学》，吴寿彭译，商务印书馆 1965 年版，第 353 页。

⑤ 奥古斯汀语，转引自［英］彼得·斯坦、约翰·香德《西方社会的法律价值》，王献平译，中国人民公安大学出版社 1989 年版，第 38 页。

⑥ 邢建国：《秩序论》，人民出版社 1993 年版，第 572 页。

值。英国两位学者认为，秩序、公平和个人自由是法律制度的三个基本价值，三者的冲突及平衡问题是法律理论最为微妙的问题之一。[①] 美国“综合法理学”代表人物博登海默在他的著作《法理学——法律哲学与法律方法》中说，他是根据两个基本概念来分析法律制度的，这就是“秩序”和“正义”。他把前者看成是法律形式（与前述学者的认识不同），把后者看成是法律内涵。他认为，秩序“所侧重的乃是社会制度和法律制度的形式结构”，自由、平等和安全三种价值及其冲突构成了法律制度内涵的基础。[②] 上述三位学者对法律价值的认识基本上是一致的。近代以来的西方法学学者一般不再认为法律价值中秩序的位阶高于其他的法律价值内涵。

法律价值是主导性和多层次性的统一，也是动态性和静止性的统一。人类的实践手段和能力在发展，认识手段和能力也在随着实践的发展而发展。[③] 故在不同的时期和语境中，法律价值的内涵和位阶是有区别的。所以有学者从这一角度出发，说人类法制现代化的历史就是法律价值现代化的历史。“研究法律秩序的价值内涵的真正意义在于促进法律的实现，建立有利于社会自身运行和发展的法律秩序。这不仅是法律秩序的价值所在，而且也是法制现代化的真正内涵。”[④] 虽然马克斯·韦伯把合理性行动区分为工具合理性（形式合理性）和价值合理性（实质合理性），强调法制现代化乃是工具合理性的一种体现，但我国学者仍然主张法律价值合理性的优先性，认为法律的价值合理性是其工具合理性的思想渊源和观念基础，作为价值合理性基本要素的人的自

---

① ［英］彼得·斯坦、约翰·香德：《西方社会的法律价值》，王献平译，中国人民公安大学出版社 1989 年版，第 7 页。

② ［美］博登海默：《法理学：法律哲学与法律方法》，邓正来译，中国政法大学出版社 2004 年版，第 227－329 页。

③ 董长春：《论法律价值》，载《南京社会科学》1995 年第 8 期。

④ 夏锦文、董长春：《现代化进程中的法律秩序》，载《江苏社会科学》1998 年第 5 期。

由、平等、安全要求正是人的价值和尊严的确证和表现。我们依循这一思路，研究我国有线电视法规中的法律价值内涵，即法律的安全、自由、公平（平等）的现实状貌和实现序列。具体而言，通过对三个概念作过限制以后，本节研究我国有线电视法规中的三种法律价值——维护人们安居乐业的政治稳定环境、保护公民的政治权利和消费者利益、保障经济发展的平等竞争——的实然状态以及三者中谁的位阶应该居先。

2. 横向比较：中国有线电视法规缺失平衡理念

1964 – 1990 年，我国有线电视从无到有，经历了共用天线阶段和网络发展阶段（或称闭路电视阶段）。不论是共用天线阶段，还是网络发展阶段，有线电视还只是无线电视的附庸，可以说其自身发展的矛盾尚未展露，也正是这一点决定了其管理方式仅为行政方式，还没有进入到法制阶段。1990 年 11 月 2 日，国务院批准了《有线电视管理暂行办法》，艾知生部长在 11 月 16 日签署了广播电影电视部 1990 年第 2 号令，予以发布施行。这标志着我国有线电视事业走上了有章可循、有法可依的轨道。为了保证《有线电视管理暂行办法》的贯彻执行，广播电影电视部还先后出台了一系列关于有线电视的行政法规和技术规划、标准，如《〈有线电视管理暂行办法〉实施细则》《有线电视系统技术维护运行管理暂行规定》等。1994 年 2 月 3 日，广播电影电视部发布了《有线电视管理规定》，它与《有线电视管理暂行办法》最大之不同在于，废除了有线电视站的设立，并将有线电视台分为行政区域性有线电视台和非行政区域性有线电视台。我国有线电视有了由行政法规和部门规章等组成的法律体系的管理。

评价法律的方法之一就是将某一法律与其他国家或地区的同类法律就可比之方面进行比较。所以对这一阶段的有线电视法规作分析，我们以中美①两国情况的比较来看看我国有关制度的特点。笔者首先列表对比两国有线电视的管理情况。

表 4-4 中美有线电视管理情况比较表

国别 项别	中国	美国
所有权	公有公营	私有私营
创办制度	许可制	特许权制
管理体制	分级管理：中央为广电部，地方为省、市、县广电行政管理部门	联邦政府（联邦通信委员）和州政府（地方政府）两级管理
营运批准单位	广电部	特许权管理机构（政府实体）
经营区域	一城一网	一区一网
跨媒介经营	跨无线台经营	跨多种媒介经营
收费标准	装机费 300 元左右	
收视维护费 节目费	每月 10 元左右	平均每月 10 元左右
节目控制	先审后播	不审查
盈利模式	通过广告	通过广告和频道付费

从表 4-4 中可以看出，两国的有线电视在创办制度、管理体制和营运批准上是相似的，但是在跨媒介经营、收视费、装机费、节目控制和盈利模式上却存有明显差异。两国的有线电视在产生之初就由于国家对其的界定不同而有着性质上的根本差异，而这种界定又是与两个国家

① 美国有线电视法主要有 1992 年的《有线电视消费者保护和竞争法》和 1996 年的《美国联邦通信法》第六章。

的体制分不开的，因此，它们的管理自然不同。更何况，正如博登海默所言，我们不能根据任何单一的、绝对的因素或原因去解释法律制度，若干社会的、经济的、心理的、历史的和文化的因素以及若干价值判断影响着和决定着立法和司法。各国法律的价值和人们的法律价值观也就是在如此“若干”因素中生成。因此，中美两国所追求的法律价值，不同是理所当然，全同才是咄咄怪事。但是，不管政治、经济、文化如何不同，法律制度里总也有“放之四海而皆准”的因素存在。“环球同此凉热”。正是法律的这种普适性，才使得我们的横向比较有了可能。比如，行政法规的权利（力）之间的平衡理念，是我国一些法学家们所认同的。那么我们就可以把它作为理论基础，结合上述三种基本法律价值来分析具体的法律制度。

我国《有线电视管理规定》所述之立法宗旨为：“为了加强对有线电视的管理，促进社会主义物质文明和精神文明建设。”这个宗旨是不明确的，是笼统的，乃至包罗万象的。而在美国，《联邦通信法》是针对电信和广播电视媒介的私营部分制定的，因而其立法宗旨是促进竞争，保证公平；《有线电视消费者保护和竞争法》则旨在保障消费者的权益，协调同地面电视的关系，更多地从公益性上考虑其宗旨。可见，美国有线电视法的价值追求是十分清晰的。下面我们再从其他两个方面来分析两者的法律价值之不同。

第一，频道的使用规则不同。《美国联邦通信法》第六章第二部分详细规定，特许权管理机构在授予特许权时必须指定两种频道的使用和容量，即对公共、教育和政府频道与商用频道的分配必须合理。第一种频道是为了保证有线电视的社会公器的作用，即它的公益性质；第二种频道——商用频道，是“供与有线电视运营商无关联的自然人或法人使用”，“目的是促进多渠道视频节目的竞争，确保随着有线电视系统的发展，为公众提供最多样化的信息源”，根据经营的规模不同所指定的容量也不同。而《有线电视消费者保护和竞争法》中的“必须传送”

条款，对于商业性电视台，规定了一定规模的有线电视系统必须载播所有本地地面电视台讯息，只有达到一定数量后才有选择载播其他电视台的权利；对于非商业性电视台，则规定少于 12 个频道的有线系统必须载播至少一个合格的非商业电视台。在这里，有线电视是产业，因为其按照市场规律运作，那么恶性竞争和垄断都很有可能发生，所以要从法律上对公民的正当权益加以保护。同时，有线电视也是媒介，所以法律保障的竞争不仅仅是商业上的竞争，更要保障文化上的多元竞争，防止垄断。这里实现的就是一种公益性与商业性之间的平衡，竞争之中要充分顾及商业利益、公共利益和公民权益。

我国的情况不同。根据《有线电视管理规定》，我国的有线电视台由政府或机关、部队、团体、企业事业单位设立，个人不得申请设立有线电视台，且不得与境外机构或个人合资、合股设立有线电视台和建设、经营有线电视网。在频道的安排上，规定“有线电视台必须安排专用频道完整地直接传送中央电视台、省级电视台和当地电视台的电视节目以及国家教委办的电视教学节目”。有线电视台自办的节目包括“自制的电视节目、购买或交换的影视剧和录像制品、购买或交换的其他专题、文艺节目”。从这里可以看出，从制作源头上讲，有线电视中播出的节目，不论是自办的还是载播的都在政府的掌控之下，因为无线台是国家办的，私营台不存在，境外台不能进入，制播分离还未实现，同时节目还必须事前审查。也就是说，虽然能收看到更多的频道，但声音还是相对单一的，信息在很大程度上还是重复的。所以有线电视法规建立的是主流意识形态秩序，即政治安全秩序，它牢牢掌控着方向，并没有考虑和保证市场竞争。

第二，收费管理不同。有线电视的收费主要包括初装费、网络维护费、节目费和其他合法费用。美国有线电视收取的主要是节目费，其中基本业务每月 19 美元左右，其他专业频道（可自由选择）平均每户每月消费30美元左右。[1] 有线电视经营者和订户之间是一种民事关系，各方的权利和义务均由法律明确规定，而这种关系的背后隐含的是一种直接的满足和使用的关系，它更多地受需求的影响，即言论自由和信息多元的需求的影响。由此可见，平等、公开的商业性竞争对于公益性事业是有利而无害的。美国《联邦通信法》第623条对收费管理有详细的规定。如果联邦通信委员会发现有线电视系统面临有效竞争，则该委员会、州或特许权管理机构都不得根据此条规定对有线电视服务的收费标准作任何规定。所谓有效竞争是指有线电视系统运营商的经营达到了一定规模（有明确条文规定），或对于没有达到这一规模的运营商，特许权管理机构制定的收费标准是有利于他们在市场中的生存的，并且《1996年联邦通信改革法》规定，从1999年起取消对有线电视额外付费层等其他层订户收费标准的管理。由此可见，美国有线电视提供的服务的商品性质是很明显的，其价格在很大程度上由市场来决定，管理机构只在宏观上加以管理。

我国的《有线电视管理规定》在附则中指出："收取的设计费、安装费、验收测试费、建设费和收视维护费，其标准由省级广播电视行政管理部门商同级物价行政管理部门制定。"可见，我国的有线电视收取的主要是安装费和维护费，而不是节目费，也就是说用户是免费收视节目的，并且我国的有线电视收费是世界各国最低者之一，90年代初每户收取安装费80－120元，到90年代后期也仅收取300元左右的安装费，另加每月10元左右的维护费。这个水平只是美国、欧洲等国的三十分之一，印度、南美等国的二十分之一。[2] 由此可见，中国有线电视的公益性是第一位的，在有线电视系统与用户之间不存在对等给付义务

① 陈晓宁：《中国的有线电视》，http：//www. Tvdiy. net/tv/6609－10，htm（访问时间：2004年7月2日）。

② 陈晓宁：《中国的有线电视》，http：//www. Tvdiy. net/tv/6609－10，htm（访问时间：2004年7月2日）。

（用户按规定交费，系统保质保量传输节目），用户的收视权益保护也显得有点底气不足。在如此关系中，供方显然处于强势地位。虽然它能保证用户花较少的钱收看到较清晰的节目，但多样化的需求是不能得到保证的。

从以上两方面的比较中，我们可以看出，美国的两部法律希望建立的是一种有序的平等竞争关系，从而在经营商、政府和用户之间形成一种张力，相互制衡；虽然有线电视仍被界定为媒介，政府仍有文化和意识形态上的考虑，但是它并没有凌驾于相对方之上，而是融入于平等竞争的平衡之中。而我国的有线电视法规看重的是政治的价值（与公益性相伴随而生的“安全”“稳定”价值）而非经济的价值、公民权利的价值，所以没有确保平等竞争，没有在政府的权力和其他方的权利之间实现平衡。

3. 形势发展：中国有线电视法规呼唤平等竞争价值

1999－2001 年，有两个文件在为中国“入世”（加入 WTO）做铺垫。1999 年 11 月，国务院办公厅转发了信息产业部和国家广电总局的《关于加强广播电视有线网络建设管理的意见》（简称“82 号文件”），它规定：“在省、自治区、直辖市组建包括广播电台和电视台在内的广播电视集团；广电和电信不能相互进入；广电系统改革，实行台网分离，要对网络资产进行公司化改造。”2001 年 8 月 20 日，中宣部、国家广电总局、国家新闻出版总署最终形成了《关于深化新闻出版广播影视业改革的若干意见》（即中办 17 号文件）。文件的重点有三条，一是推进集团化，二是媒体可以跨行业、跨地区经营，三是经营性资产可以上市。据 2001 年 4 季度中国有线电视行业分析报告称：2001 年全国的有线台和无线台合并已经基本完成，所有的有线电视台已经基本完成了网台分离；全国各地原有网络资产组建的有线电视网络传输公司也纷纷成立，有线网络资产正在完成从非经营性资产向经营性资产的转变。另外，全国广电集团的体改、重组进程也明显加快，企业化的运作对有线电视的经营将起到很好的促进作用。

这一系列事实都表明，在新的世纪里，有线电视发生了翻天覆地的变化。下面，我们具体从两个直接而宏观地影响有线电视市场秩序的方面来探讨这些变化对于法规建设来讲意味着什么。

第一，台网分离的发展趋势。有线电视和其他媒介最大的不同之一就是它的网络资源。根据美国的有线电视法律，有线电视系统运营商拥有有线电视网络，因而拥有频道资源，政府以法律的形式对频道的使用进行管理。在我国，业界显然已经认识到了有线电视网络资源的巨大优势：首先它频带宽、传输速度快、信息量大，与电话网相比，它能以目前电话网十分之一的价格、10 倍的速度，传送 10 倍的信息量，同轴电缆带宽最高可达 1000 兆赫，几乎是电信网带宽的 10 万倍；其次入户率高，全国的有线电视用户总数已超过 8000 万户，收视人口以亿计算，在北京、上海等大城市入户率已达 90% 以上，在有的农村也达到 40%；再次收费标准低，前面我们已经讲过我国有线电视的收费远低于世界其他国家，而与我国的电话收费相比也低得多，我国电话的初装费为 1000 元上下，月收费在 20 元左右的基础费上加收计时通话费。[①] 另外，除了电视服务之外，它还可以进行互动视频服务、网上通信、网上交易、远程教育等业务，潜力巨大。1999 年美国电话电报公司以巨资收购了美国第二大有线电视公司 TCI，美国在线与时代华纳合并，都是看中了后者充足的用户和庞大的网络资源。而在我国，由于两份文件的颁布，网络资源进入了市场，2004 年中国电子信息产业集团公司（CEC）和广电总局达成协议，以组建合资公司的形式来承担国家广播电视光缆干线传输网络的开发、运营和管理，这标志着国家广电传输网络开始向国有法人大规模开放。

第二，与电信管制的错综关系。美国的联邦通信委员会（FCC）的

① 《我国有线电视网已成网络新宠》，http：//www.shcia.org.cn/technic/show.asp？nid=30（访问时间：2004 年 7 月 10 日）。

职能包括管理广播电视和管理电信两大部分，有线电视公司可以经营电信业务，比如美国电话电报公司收购TCI就是用其网络进入市话市场，打破电信业中的垄断。而电信公司也可以经营有线电视业务，但只能是双向视频服务，而不能是广播业务，两方进入对方的市场都是有条件限制的，是一种互补关系，而不是“双向开放”。[①]《联邦通信法》有专门部分对由电话公司提供的视频节目服务进行规范。在我国，还没有明确的法令规定有线电视和电信的业务可以相互渗透，但是在业界不乏这样的尝试，信息产业部电信研究院的郑红凤表示：“《电信法》和电信管制政策适用于有线电视业务是大势所趋，是技术融合、业务融合的必然。原先独立的管制机制也将走向融合，管制政策的拓展和融合也是必然。”数字电视出现后这种融合的可能性几乎是不可避免的，而加入WTO后，电信市场对外开放，而有线电视不能，因此如何管理更需要从法规上加以廓清。国外的做法是将电信纳入广播电视行业管理范围，而我国于2000年颁布的《电信条例》却包括了广播电视的业务，这样就造成了“电信开放，广电也得开放”的被动局面。

新形势迫使我们对有线电视要做出新的定位。我国台湾学者认为，基于有线电视科技的特性，法规、政策的制定者应该认识到有线电视不只是另一种电视，它还是一种公共电信设施，是信息工业的一环；有线电视法规是公众利益、政府、商业利益的角力场，有线电视这条变色龙全赖政府去塑造。[②]政府塑造有线电视应该考虑制度性正义。制度性正义原则有三个基本要求：第一，一个社会的制度能够为该社会每个成员的自由发展和才能发挥提供公正平等的机会和手段。第二，社会制度能够提供一套合理分配利益的程序规范。第三，当利益分配与实现明显不

① 马庆平：《各国的有线电视法》，载《中国有线电视》2000年第19期。

② 郑瑞成等：《解构广电媒体：建构广电新秩序》，台北澄社1993年版，第414－415页。该章为钟蔚文所撰。

均衡的时候，社会制度能够通过一定的机制予以纠正或补偿。[①] 因此，我们必须重新安排我国的有线电视法规中的安全（秩序）、自由、平等三种基本的法律价值。

长期以来，我们十分突出广电媒体的政治属性与事业属性，设计一系列管理制度时，主要是从公共资源角度考虑的。但人们日益认识到，广电媒体的公共产品与私人产品的混合属性，使之具有自身的市场发展规律和产业属性。[②] 而有线电视较之于无线电视，它的产业属性更为显著。因为：有线电视改变了电视建设经费来源，由国家拨款到向受众征收视听费；“有线电视台是商业化大潮中涌现的新兴力量，它的兴起改变了广电业的产业构成”；“有线电视行业的崛起将有力地冲击垄断、官僚化痼疾，推动广电业商业化深入发展”。[③] 美国存在商业广播和公共广播两套体制且分别以不同的法规进行管理，公共广播电视不必像商业广播电视那样严格遵守诸如平衡、对等等方面的约束。我国的无线电视正可以大致对等于美国的公共电视，而有线电视可以对等于商业电视，所以不能以美国的《公共广播法案》中的“自由”要求来对照我们的有线电视。概而言之，对于有线电视来说，虽然平衡是其基本理念，但是，在其法律价值序列中，平等竞争价值的位阶要高于安全稳定价值；而自由价值是更上位的法律——宪法所实现的目标，在其执行法——行政法中也没有必要对它过于强调，况且，因为频率资源有限，对广播电视（台）的自由创设与使用是必须受限制的，这是全世界的通例。不过眼下，这种平等竞争先是商业性竞争，而非美国那样涉及公益

① 公丕祥：《法制现代化的理论逻辑》，中国政法大学出版社 1999 年版，第 115－118 页。

② 经济学学者已经对这个问题有很好的分析。可参见鲍金虎：《媒体管制视角中的广电改革》一文中的图一，见北京广播学院广播电视研究中心主编《媒介研究》第二辑。

③ 陈怀林：《试论垄断主导下的大陆广播电视业商业化》，见《中国传媒新论》，太平洋世纪出版社 1998 年版，第 251－252 页。

性竞争，是“必须传送”内容或“公共频道”之外的商业性内容的平等竞争。以后，即使外部条件允许有线电视成为民主的论坛，它也是以商业上的平等竞争为前提的。我们如果仍旧沿用传统的单向管理思维和漠视有线电视经济主体利益的做法来制定法规政策，那么结果只能是让制度变得有名无实，甚至是自我欺骗。表 4 - 5 就是我国政府管理失灵的实证。

表 4 - 5　有线电视法规内容及其效果缩略表①

法规名称	内容	结果
1994 年《有线电视管理规定》	有线电视台要完整转播中央电视台、省级电视台和当地电视台的节目	传媒虚以应付
1992 年广电部 250 号文件	为保护无线台利益，有线电视台不能自办广告	名存实亡：或公开反对，或打擦边球。上面对此已不做严格要求
1998 年《关于加强广播电影电视管理若干问题的通知》		
1999 年《关于加强广播电视有线网络建设管理的意见》（82 号文件）		
2000 年《关于广播电视专用网融资问题的紧急通知》	控制业外资本进入；采用合股方式融资建设，必须报省级以上广电行政管理部门批准	令行不止
1994 年《有线电视管理规定》	一城一网 远离市镇的大型单位可申请设台，并与行政区域有线网联网	两条规定不配套，大型企事业单位可以申请设台，但广电部门出于自身利益又“可以不批准”

① 此表根据钱蔚《政治、市场与电视制度——中国电视制度变迁研究》（河南人民出版社 2002 版）一书第 189 - 190 页的表格改制而成。

续表

法规名称	内容	结果
1999 年《关于加强广播电视有线网络建设管理的意见》(82) 号文件 2000 年《电信条例》	82 号文件严格控制有线电视网络建设的对外融资 《电信条例》规定经营增殖电信业务者应为依法设立的公司，对资本所有制没有限制，这实际上为广播电视网络建设吸引业外资本提供了法律依据	法规互相矛盾，形势仍不明朗

总之，有线电视法规制度其根本作用不仅在于调节有线电视和国家、公民与政府的关系，还必须平衡有线电视与其他相关产业、有线电视与社会利益群体之间的种种经济关系。所以，我们未来的有线电视法要一改以前的行政管理模式，要通过法律的形式来有效地调整本领域的社会关系，立法的宗旨应该是既平衡政府权力与公民权利，又平衡公益性诉求与商业性诉求；既考虑政治秩序的建构，又尊重个人的权利，还要均衡经济主体的利益。在市场经济条件下，对于有线电视而言，公平（平等）竞争尤其重要。平衡经济主体各方利益的最好方法就是以法律手段保证平等竞争。法律的现代化，当然包括允许平等竞争，竞争才能发展。这就涉及如下基本问题：在一个社会中，为维护传播秩序，政府应该扮演什么角色？20 世纪八九十年代以来，西方国家对广播电视媒体多采取放松管制的态度，因为市场经济论者认为，平等竞争的自由市场是媒介获取最大经济效益的有效途径；同时，公民则借助媒介上的海量公共信息行使民主权利，形成意见市场。所以本书着重强调有线电视法规中商业性的平等竞争价值的首要地位。这一法律价值观是我国市场经济发展与有线电视特性相互激荡而成。因为它关涉的是媒体的经济属性，而非其意识形态属性，所以并不见促其变革的刺激性事件的影子，我们见到的只是“慢火温肥羊”的过程。

（四）"入世"后"平衡"理念的新发展

下面，我们来重点考察中国"入世"之后电视制度中的平衡观念。这一年后，我国直接与有线电视相关的制度有一个部门规章《城市社区有线电视系统管理暂行办法》（2001 年 12 月 16 日发布，2004 年 8 月 10 日重订）、一个规范性文件《关于加快广播电视有线网络发展的若干意见》（2009 年 7 月 29 日发布。以下简称《若干意见》）。前者规定："当地行政区域性有线广播电视传输覆盖网不能通达的社区，可以申请建立城市社区有线电视系统。当地行政区域性有线广播电视传输覆盖网已通达的社区，其原有的城市社区有线电视系统必须与当地行政区域性有线广播电视传输覆盖网联网，纳入当地行政区域性有线广播电视网络统一维护和管理。""城市社区有线电视系统应当完整转播广电总局规定必须传送的电视节目。城市社区有线电视系统不得自行播放电视节目和广告，不得开办视频点播节目。"市场主体的利益仍然没有得到有效保护。因为这一制度只涉及城市社区有线电视管理，与"入世"没有直接关系，所以"入世"这一事件对它没有什么影响。后者规定："网络整合要在有利于广播电视有线网络长远发展的基础上，特别保护好地市县广电部门的利益，要有利于调动地市县网络运营主体的积极性和主动性，有利于巩固基层广电发展基础，有利于促进基层广电事业发展。""完成转制的有线网络运营企业要按照《公司法》的要求，进一步完善公司法人治理结构，尽快成为合格的市场主体。""要妥善处理好公共服务和市场服务的关系，在保证基本收视服务的基础上，开展多层次、个性化的增值服务。有线电视数字化整体转换必须至少保留 6 套模拟电视节目。要积极配合当地政府，做好低保等困难群体接收有线广播电视的工作。"这一《若干意见》充分顾及了各个利益主体的诉求，体现了较好的与时俱进的精神，是一个具有平衡理念的文件。它与前一个部门规章形成了强烈反差，但是，由于它是在中国"入世"将近八年后出台，所以不能说就是“入世”事件的直接功劳。而且，它毕竟还只是文件，没有法律效用，其基本精神还需要以法规的形式确定下来。

从上述论证可知，重大事件对于报刊、广电的宏观管理制度的改变直接有效（如1932、1937年分别逐步禁止和绝对禁止外商电台），而在促进广电经营管理制度上并无显见效果，广电经营制度的演进主要依靠其自身的边际突破。

第五章

“因事成制”：中国传媒法制建设的迂回路径

一、近期法制变革案例的叙事探究

在叙述我国报刊出版管理制度和广播电视平衡理念的演变过程后，除了已经明了其管理内容外，笔者也提炼了其中值得关注的制度变化轨道的共性，我们认识到，越是根本性的、涉及意识形态的宏观制度（如报刊出版管理制度）就越需要重大且具体的事件来促其生成，而中观的经营制度（以及微观的采编制度）的改变，会在时局的影响下逐渐从外围延伸至内层（恰如前文所分析的新中国广播电视制度变迁的那样）。为了进一步明晰这一共性，本节以叙事探究的方法再来研究21世纪以来发生的几个案例。

（一）北京奥运会促生开明的采访制度

我国传媒法制变革的最近一个案例是2008年10月颁布的《中华人民共和国外国常驻新闻机构和外国记者采访条例》（以下简称《采访条例》）。但其源头应该追溯到2006年11月1日颁布、2007年1月1日起施行的《北京奥运会及其筹备期间外国记者在华采访规定》（以下简称《采访规定》）。

北京奥运会申办成功以后，全世界的新闻记者、特别是关心中国事务的新闻记者最关注的事项之一是，奥运会及其筹备期间实施的外国记者在华采访的待遇将会怎样？亦即，在奥运会这样高度世界化的事件中，中国政府如何保证信息的畅通无阻，并与世界通例保持一致？这就是《采访规定》的诞生背景和现实要求。在2006年11月1日这一天，各方得到了一份满意的答卷：《采访规定》遵循奥林匹克运动会惯例，为外国记者在华采访提供了相应的便利。下面请允许笔者不厌其烦地引用新华社“叙事”以“回到现场”。

> 新华网北京1月1日电（记者　季明　程义峰）2007年1月1日，中国的“心脏”天安门广场比较平静。新华社4名记者在这里守候了半天，也没有发现像是外国记者的身影。
>
> 人们猜测，他们中的不少人可能因为一条新规定的实施，而被吸引到别的地方“挖”新闻去了。国务院不久前颁布的《北京奥运会及其筹备期间外国记者在华采访规定》于2007年1月1日生效。这天，路透社以“北京－呼和浩特”电头发出一条稿件。这条由两名外国记者分别在北京与呼和浩特采访完成的稿件，开创了新规定实施以来，外国媒体未向中国外事部门申请，就成功实现对所在地以外省市进行采访的先河。
>
> 路透社稿件中写道：“过去外国记者只有在征得当地政府许可后，才能对自己媒体所在地——通常是北京或上海以外进行采访，但在周一开始生效的新规定实施后，外国记者只需征得被采访对象的同意就可采访。”
>
> 国务院新闻办主任蔡武解释说，根据这条规定，过去外国记者在中国采访必须有中国国内单位接待并且陪同，这一条已经取消了；赴地方采访过去需要向外事部门申请，现在不需要，只要征得被采访单位或个人同意就行。人们普遍认为，这意味着外国记者在中国进行采访，拥有了比以往更为开放的环境。
>
> 规定颁布后，美国全国广播公司（NBC）已决定派出多名记

者来华，参与奥运报道；美联社在原有25名记者的基础上，准备大量雇佣中国雇员；此外，《纽约时报》驻华记者现已达到5名，成为该报在亚洲地区最大的记者站。

路透社记者林光耀（本杰明·林）对新华社记者说，新的采访规定是一种进步，“今天我就没有通过申请直接与我的采访对象进行了对话”。

林光耀几年来一直想约一位北京名人的访谈，但是由于需要繁复的批准手续，并不方便采访。但1日这天，他一个人去，就很顺利地完成了采访，进门时只是出示了自己的身份证明。他与这位采访对象聊了两个半小时。林光耀曾任路透社驻菲律宾记者，后来又在台北做了15年的记者。他10年前来中国大陆工作。根据外交部统计，截至去年12月，有来自49个国家的319家新闻机构的606名外国记者在华常驻，其中北京云集了200多家境外媒体的400多名常驻记者，还有90多家境外媒体的100多名记者常驻上海。近年来每年都有3000至5000名外国记者来华采访。林光耀说，在新规定颁布之后，他的一些记者朋友已前往广东和山东，直接去采访一名村主任被村民罢免、一起群体性事件和一起司法案件的新闻。

但并不都是那么圆满。他说，他听说有一位外国记者在华东某地采访时，受到了官员的阻拦，这位官员说“并不知道有了新规定”。

正在内蒙古自治区采访的路透社记者白宾（本·布兰查德）看起来则一路顺利。他说，他还将在内蒙古继续采访，直至周三。

准备在2007年深入中国腹地进行采访的境外媒体显然不止路透社一家。《读卖新闻》上海支局长加藤隆则说，尽管北京和上海分别是中国的政治和经济中心，许多重要新闻都在这里发生，但仅局限于此显然无法认识中国的全貌。

他举例说，去年的高盛收购双汇集团案发生在河南省，邱兴华杀人案发生在陕西省，按照过去采访规定，从提出采访申请到正式获得批准需要几天时间，“时间上根本来不及”，许多采访因此只能通过电话完成。“新规定将提高境外媒体对中国新闻报道的时效性，”加藤隆则说，“让世界与日益受到关注的中国同步。”

中国已成为世界第四大经济体。据蔡武说，在2006年，外国媒体关于中国情况的报道越来越多，数量大大增加，就一些个别媒体的统计，增长幅度有的达到30%、40%。

外交部新闻司司长刘建超说，今后外国记者在中国获得信息的渠道只会越来越宽，采访环境只会越来越好。新加坡《联合早报》发表评论说，中国正式允许境外记者自由采访，“是在改进对外宣传、改善中国形象上迈出了重要一步”，表明“中国开始以自信的心态积极应对国际舆论”。

“给予外国记者采访更多便利，不但是中国政府对申奥承诺的兑现，也是政府在媒体、信息管理方面的一次实验；同时，这也给中国各级政府官员的执政能力提出了更高的要求。”中国人民大学新闻学院副院长喻国明教授说。

《人民日报》记者张永恒说，以前在许多新闻场合，基本上都是中国记者在同台竞争，现在，要面对外国记者的挑战了。“思维方式、工作作风都不同，我感到了压力和冲击。”①

但是，人们的关注并未到此为止。外国记者担忧，在北京奥运会结束近两月、北京残奥会结束的一个月后，即2008年10月17日《采访规定》自行废止后，他们享受的开放待遇，会不会于这一天戛然而止？如果按照惯行思路前行，“一切又回到从前”是顺理成章的事。但是，一些怀抱“覆水难收”心理的良善人士从心底里企望，中国政府能够

① 《外国记者开始在更为开放的环境下报道中国》，http://news.xinhuanet.com/newmedia/2007-01/01/content_5558007.htm（访问时间：2014年12月15日）。

"借坡上驴"地让奥运会时期的《采访规定》成为常态。如，《南方周末》曾经提问："有调查显示，29个国家67家报纸，90%在头版刊登北京奥运会开幕式，绝大多数的报道积极正面，你觉得，这与对外国记者放宽限制的《北京奥运会及其筹备期间外国记者在华采访规定》有没有关系?"政府官员回答："当然有关系。这也是我们北京奥运会创造良好采访环境的一个具体体现吧。这个规定已经实施了一年半之久，外国记者在中国的采访环境日趋宽松。"又问："这个规定将到10月17日为止，你判断中国向外国媒体敞开的大门会不会在奥运后关上?"再答："北京奥运会遗产很多，我们今天来梳理还为时尚早。但有一点可以肯定，我们留下的最大的遗产之一是中国的开放，继续地开放。因此中国会继续以开放的心胸欢迎境外媒体来采访，报道北京和中国的各个方面。《规定》是到17日就结束了，有关部门会出台新的制度衔接上。"①

2008年10月17日晚，外交部新闻官员举行中外记者会说："10月18日，《采访规定》自行废止的当天，《采访条例》颁布施行。"《采访条例》一则延续了《采访规定》的开放精神和做法，二则宣告了1990年1月19日公布的《外国记者和外国常驻新闻机构管理条例》（下称《管理条例》）同时废止。18年多的坚冰一朝得破，外国媒体纷纷称赞这是中国改革开放步伐迈出的一大步。虽然《采访条例》只是给予了外国记者更多的采访自由权，但是其向新闻自由基本精神靠拢的姿态已初露端倪。

细细寻绎《采访条例》与《管理条例》的不同，发现这个"自由的法""自由"在放松管理上。首先，外国记者来中国访问、报道，不管情况如何，一律实行记者签证制度。而《管理条例》规定，只有应中国国内单位邀请的外国短期采访记者、记者团组才可以到签证机关办

① 《"我们现在已经很富有了"——专访北京奥组委宣传部部长王惠》，载《南方周末》2008年9月25日。

理签证，一般的采访报道，哪怕是随国家元首、政府首脑或者外交部长来中国访问的外国记者都要到有关部门去申请并得到批准。其次，外国记者在中国境内采访，只要征得被采访单位和个人的同意便可。而《管理条例》规定，外国短期采访记者在中国境内的采访活动由接待单位负责安排、提供协助，外国常驻新闻机构应当在注册的业务范围或者商定的采访计划内进行业务活动。其理念似乎是，“新近发生的事实”（“新闻”一词经典定义中的关键词）须听从领导安排和服从事先计划。[①] 该《管理条例》还规定，外国记者采访中国的主要领导人、中国政府部门或者其他单位、赴中国开放地区和非开放地区采访，应当通过有关外事部门申请，并经同意。甚至，外国记者去非开放地区采访还要到公安机关办理旅行证件。再次，外国常驻新闻机构和外国记者可以通过外事服务单位聘用中国公民从事辅助工作。而《管理条例》除此之外，还明示，外国常驻新闻机构和外国记者聘用本国或者第三国公民担任工作人员或者服务人员，须经外交部新闻司同意。这样，一套手续办下来，新闻早已成为黄花菜，外国记者聘来的人就不再是来做新闻的了。第四，外国常驻新闻机构和外国记者因采访报道需要，可以临时进口、设置和使用无线电通信设备，但需依法履行报批手续。而《管理条例》要求，外国常驻新闻机构和外国记者在中国境内使用通信设备须向中国政府通信主管部门提出申请并经批准，外国短期记者则“须向外交部提出申请，并经批准”。前者的伸缩范围较大，而后者是明确的批准制度，管理的严、松境界立判。

（二）其他两部由重要事件促生的法律

新世纪以来，由一件众人瞩目的事件引发法制革新的案例还有不少。举与新闻传媒有关者来看，2003 年非典事件后相关制度的修订就

① 有论者说，如此规定，实际导致许多事实上的违规操作行为。参见陈开和《悄悄的变革：外国记者在华的“自由之路”》，载《世界知识》2008 年第 22 期。

是典型。2003 年 4 月 14 日，国务院原则同意建设、完善国家突发公共卫生事件应急反应机制。5 月 9 日，国务院出台《突发公共卫生事件应急条例》（以下简称《应急条例》），将我国应急处理突发公共卫生事件进一步纳入法制化轨道。与 1989 年的《中华人民共和国传染病防治法》（以下简称《传染病防治法》）相比，该《应急条例》是根据目前出现的新情况、新问题将《传染病防治法》规定的一些法律制度予以具体化，使其可操作性相对增强，从而适应新形势的需要。比如，关于信息报告和公布事项，《传染病防治法》只有三条内容，而《应急条例》却有七条之多，详细地规定了必须报告的内容、报告对象、报告时限、接到报告者应当采取的措施，以及相关举报制度和发布制度的具体要求。在这以后，以此《应急条例》为基础，相关法律制度进一步得到完善，从 2007 年 11 月起，《中华人民共和国突发事件应对法》正式颁布实施。

第三个案例是，内容上与新闻传播无涉，但诞生过程与新闻传媒紧密相连的法规，即，《城市生活无着的流浪乞讨人员救助管理办法》。2003 年 3 月 20 日，武汉公民孙志刚在广州被非法收容，然后莫名其妙地死去。4 月 25 日，事件被《南方都市报》披露之后，其他媒体纷纷转载并进行追踪采访，很快在网络媒体引起了巨大反响。在 4 月底至 5 月上旬，刚刚毕业的三位法学博士通过电子邮件和电话，一直在关注并思考着这一事件。他们讨论收容遣送制度的合宪性问题，讨论一种公民行动的方式、时机和风险。当时的一个参与者说：“这些讨论既细致又高效，进展相当顺利”，“在每周一次的讨论中，逐渐形成了共同的规则，……收容遣送制度、劳教制度和知识分子的社会角色问题，都曾经作为探讨的主题”。讨论的结果就是后来呈交全国人大的“违宪审查建议书”。他们以《立法法》第 90 条第 2 款为根据，要求全国人大常委会审查 1982 年的《城市流浪乞讨人员收容遣送办法》的合宪性。这位博士事后总结说：

> 对该法违反宪法和法律的论证，则列举了该法的第6条，宪法的第37条、立法法的第8、9和87条。我们选择了类似起诉书的格式：既表明了对恶法的明确态度，又表明了公民行动的合法性，同时也暗示了我们推理和论证的专业性。整个“建议书”的文本中没有提到孙志刚事件一字一句，没有列举任何类似的案件事实，没有流露出初闻孙志刚之死时那种震惊和悲愤；甚至也没有指陈收容遣送制度在实践中存在的种种弊端。最初的几稿把收容遣送制度在实践中的异化及其社会学分析作为附件，而最后达成的意见是去掉任何情绪化和政治化的色彩，也去掉法律的实际运作情况，专门进行“法律条文”的推理。过于冷静的法学术语和文书格式，隐藏着沸腾的热血和悲悯的泪水——而且隐藏着“一箭双雕”的策略：……要求审查收容遣送办法，并且通过此次审查建立一个先例并促成建立一个违宪审查的经常性机制，这是递交违宪审查建议书一开始就暗含的双重目标。

他们三人选择了5月14日向全国人大常委会递交《关于审查〈城市流浪乞讨人员收容遣送办法〉的建议》。接着，他们就去选择媒体。因为“孙志刚事件背后的巨大舆论、‘刚刚成为大学教师的三个北大法学博士’这个身份、依据‘立法法’向国务院的法规提出挑战，加上SARS治理初见成效，我们预计媒体有可能感兴趣”。而且，如果“没有媒体的报道，递交建议书的行动就只是一封私人信件，而不是一个公共事件：不具有公共性，无法引起讨论，更无法推动法律制度的任何改进”①。经过反复考量，他们选择了有眼光、有全国影响的《中国青年报》。该报最先做出了报道后，全国媒体纷纷转载，网络媒体更是以饱满的热情参与全程讨论，“违宪审查”这个法学词汇，一时成为议论的

① 滕彪：《孙志刚事件：知识、媒介与权力》，http：//www.tecn.cn/data/detail.php?id=7007（访问时间：2013年8月14日）。本段中直接引用的文字皆出自该文。

焦点。虽然此事最后并没有启动违宪审查机制，但是，2003 年 6 月 20 日，国务院发布第 381 号令，《城市生活无着的流浪乞讨人员救助管理办法》自 8 月 1 日起施行，《城市流浪乞讨人员收容遣送办法》同时废止。这在法制建设上已是不小的贡献。一个事件宣判了一个恶法的死刑，同时催生了一部新法。旧法体现的是稳定社会秩序的价值偏好，新法体现的是保障基本人权的价值选择。这一事件全程是一个法制新创过程，它借助于重大事件的刺激或多个事件的合力作用，也依仗了强大的新闻媒体的助推力，最后获得成功。在“孙志刚事件”中，三位青年法学家早已有了思想准备——微观地怀疑旧法、宏观地追求违宪审查制度“落地”，加之他们恰当地利用舆情而又伴以不外露情感的理性表达，这些因素共同作用，使这三位博士之名留在了中国的法律发展史上。

（三）司法案件变革法律的尝试

以上是重大事件催生良法的案例。下面则从两个新闻诉讼案件看相关法治理念的落地情况以及法制变革遭受的挫折。

近 30 年来，新闻媒体因施行舆论监督而遭遇诉讼时，几乎全部陷入四面楚歌的境地。这里的原因很多，有立法方面的原因，也有司法解释不健全的问题，再加上最关键的一点：司法不独立、司法管理体制行政化。但是，司法实践中也有成功经验值得后来者好好总结。其中，“范志毅诉文汇新民联合报业集团侵害名誉权”一案，以媒体胜诉结案，其本身就是“活法”，其判决书在法律精神上，具有明显的突破性进展，使得“公众人物”这个概念首次登录中国的判决书。

公众人物（Pubilc Figure）一词来源于一起在美国新闻史上里程碑性的案例——1964 年沙利文诉《纽约时报》案，法官威廉·布伦南认为沙利文作为警长，社会地位特殊，媒体对其进行批评不构成诽谤，从而树立了“实际恶意”原则。为了把这样一类人归集起来，最早有人称他们为“公众官员”，但“官员”一词的涵盖面似乎又不够宽，于是又找到“公众人物”这个词。现在新闻学上，公众人物是指公众非常感兴趣或熟悉的人物，包括政治、经济、文化领域里的名人。在法律上，公众人物是人格权及其保护中的一个概念，是民法的概念，同时也是新闻学的概念。民法研究的是，公众人物在民法上究竟享有什么样的权利，公众人物的某些权利要受到什么样的限制，即究竟要限制到什么样的程度。我国法学专家提议的《民法典草案》详细地对公众人物作了界定，即公众人物指“领导人、艺术家、影视明星、体育明星、社会活动家等”。当然，这还只是专家的意见，并不是法律的规定，因为在后来的全国人大常委会审议的民法草案中，并没有对此内容作出规定。一种得到多数人认同的观点是，名人应该较少隐私，因为公众人物从社会的关注中得到了许多好处，当他们作为社会的一种形象性代表出现时，他的举止就已经不是个人行为，他的每一言行都可能对社会造成这样那样的影响，对他无所不在的监督是保证社会公益的需要。另外，公众的知情权也要求公众人物牺牲他们的部分权利内容或让他们对自己的一些权利内容造成的损害做出适当容忍。所以，当媒体对公众人物实施舆论监督时，应当免于追究责任。“范志毅案”的判决就肯定了这个观点。有法学研究者认为，本案是天赐良机，而法官就适时地抓住了这一良机。这主要表现在三个方面：第一，范志毅是典型的公众人物，第二，法官或者法院可能早就有突破旧框架的思考，只是苦于没有机会，第三，被告下属的《东方体育日报》所刊发的是系列报道，通过追踪报道对于自己先前的行为做出纠正，对事实本身也已经澄清，被告几乎没有什么过分的短处能够成为原告起诉的理由。因此，本案判决即使不引入公众人物这一概念，判决驳回原告的起诉，在法理上也完全能够立足。而本来就希望突破旧框架、实现自己道德价值观的法官准确地把握住机会，在一个明显不必非引入公众人物概念来判决的案件中，横插进这个概念。于是，即使原告上诉，由于基本事实的确定性就会使得二审法院推翻一审判决的可能性很小——也就是说，在这样的判决书中，公众人物这一概念会被巩固下来，不至于出现波折，不会因为判决书被推翻而被挤出去。相反，如果事实争议太大，单靠公众人物这个概念来支持有利于媒体的判决，风险就要大得多，极有可能会导致判决被推翻，公众人物概念也被赶出判决书，同时它对法官司法心理上造成的负面影响可能会挫伤、甚至彻底击溃法官的创新精神，并且这种后果具有强大的传播力，以至严重影响新闻司法的进程。所以这是万幸之事。① 由此可见，传媒法制变革中引进西方概念和积淀法理需要动用法官的多少心智。这表明，即使是一些有政治敏感的西方法律概念，在不能引入我国立法的情况下，凭借法官的技术，司法上也可以先做尝试性突破。这是一种法律移植的新模式。它需要反复权衡，寻找一种机巧，以避免因为问题敏感（如公众人物涉及政府官员）而与主流意识形态产生冲突后半途而废。当然，这一典型的新闻媒介诉讼案，由于司法界高层人士的识见不够，并没有得到国家司法当局任何方式的肯定，例如刊登最高人民法院公报，就是说并未进入中国的法制，但是，其在我国法制建设中的启示意义和对于有关观念深入人心的作用是不可忽视的。

其次要讨论的新闻诉讼早于上面这个案件，而且是先有收获但终归失败的案例。

1999 年，齐玉苓就陈晓琪冒她之名上学之事诉诸法律。原告齐玉苓诉称：原告经统考后，按照原告填报的志愿，被告济宁商校录取原告为 1990 级经财会专业委培生。由于各被告共同弄虚作假，促成被告陈晓琪冒用原告的姓名进入济宁商校学习，致使原告的姓名权、受教育权以及其他相关权益被侵犯。被告陈晓琪辩称：本人使用原告齐玉苓的姓名上学一事属实，齐玉苓的考试成绩虽然过了委培分数线，但她表示过

---

① 萧瀚：《"公共人物"登录判决书及陪审团制度萌芽——范志毅诉文汇新民联合报业集团名誉侵权案评析》，http://www.chinalawedu.com/news/2004_6/1/1345062774.htm（访问时间：2004 年 7 月 20 日）。

不想上委培，因此她没有联系过委培单位，也没有交纳委培费用，不具备上委培的其他条件。本人顶替齐玉苓上学，不侵犯其受教育权。2001年8月，齐玉苓因不满枣庄市中级人民法院的判决，向山东省高级人民法院提起上诉，理由是：1. 被上诉人陈晓琪实施的侵犯姓名权行为给本人造成的精神损害是严重的，应按照山东省高级人民法院《关于审理人身损害赔偿案件若干问题的意见（试行）》第75条规定的赔偿标准予以赔偿；2. 根据当年国家和山东省对招生工作的规定，报考委培不需要什么介绍信，也不需要和学校签订委培合同，滕州市招生委员会办公室的“滕招办定（1990）7号”文件中对报委培生工作的规定，违反了国家和山东省的规定，是错误的，不能采信。本人在参加统考前填报的志愿中，已经根据枣庄市商业局在滕州市招收委培学生的计划填报了委培志愿，并表示对委培学校服从分配，因此才能进入统招兼委培生的考场参加统考，也才能够在超过委培分数线的情况下被济宁商校录取，正是由于滕州八中不向本人通知统考成绩，而且将录取通知书交给陈晓琪，才使本人无法知道事实真相，一直以为成绩不合格落榜了，因此也才不去联系委培单位，没有交纳委培费用。各被上诉人的共同侵权，剥夺了本人受中专以上教育的权利，并丧失了由此产生的一系列相关利益。原审判决否认本人的受教育权被侵犯，是错误的，要求恢复受教育权。山东省高级人民法院为此向最高人民法院请求司法解释。8月13日，最高人民法院公布了法释［2001］25号《关于以侵犯姓名权的手段侵犯宪法保护的公民受教育的基本权利是否应承担民事责任的批复》，指出：“陈晓琪等以侵犯姓名权的手段，侵犯了齐玉苓依据宪法规定所享有的受教育的基本权利，并造成了具体的损害后果，应承担相应的民事责任。”随着这一批复的下达，山东高级人民法院于8月23日依照《宪法》第46条、《教育法》第9条、第81条、《民法通则》第120条、第134条、《民事诉讼法》第152条、第153条第一款第三项、第158条以及最高人民法院（2001）法释25号批复的规定对“齐玉苓诉陈晓琪等侵犯姓名权、受教育权案”（简称“齐玉苓案”）做出终审判决，认为被上诉人侵犯上诉人姓名权的行为实质上是侵犯了上诉人依据宪法所享有的公民受教育的基本权利，各被上诉人应当承担民事责任。

本案直接援引《宪法》做出判决，在当时引起了轰动。其意义在于，它引发了“宪法司法化”的广泛讨论。所谓的宪法司法化，就是“在法院遇到普通法律不足以保护公民基本权利的时候，可以将宪法的有关规定适用于具体案件”。① 该案被普遍认同为中国宪法司法化的第一案。

“齐玉苓案”是否是宪法司法化第一案还有争论，但是，最高人民法院的“批复”的重要意义在于，它们使个案当事人受侵害的合法权益获得了实实在在的司法救济，从而直接实现了个别正义；同时，它还间接地包含了巨大的社会价值，即在制度层面，它成为一种标志、一种符号，富有象征意义地解决了我国宪法的可诉性问题。因此，有学者这么总结随后的社会动向：“从‘批复’颁布后所引起的反响来看，社会舆论对宪法的具体实施和宪法中规定的公民基本权利受保护的现状表现出了很大关注。”② 该学者对本案的“宪法司法化”价值持保留意见，而对“批复”唤醒人们的宪法意识，特别是唤醒对宪法权利的保护意识，持充分肯定态度。③ 梁慧星先生则说：“在走向法治的今天，最高法院能够不拘泥于通说，采用合宪性解释方法，大胆运用侵权责任这一法律手段保护公民依据宪法所享有的基本权利，其对于保护公民权利之注重和积极创新之精神，值得赞佩。”④

不过，2008 年 12 月 18 日，最高人民法院发布公告称，自当月 24

① 王禹：《中国宪法司法化：案例评析》，北京大学出版社 2005 年版，第 154 页。

② 陈云生：《宪法监督司法化》，北京大学出版社 2004 年版，第 484 页。

③ 陈云生：《宪法监督司法化》，北京大学出版社 2004 年版，第 489 页。

④ 梁慧星：《最高法院关于侵犯受教育权案的法释［2001］25 号批复评析》，http：//www.148cn.org/html/48/n－28248.html（访问时间：2013 年 9 月 27 日）。

日起，废止2007年底以前发布的27项司法解释。人们发现，最高人民法院就“齐玉苓案”所做的法释［2001］25号赫然在列。与其他26项司法解释被废止理由不同，该司法解释只是因“已停止适用”而被废止，既无“情况已变化”，又无“被新法取代”之说。但是，立刻就有学者指出，这一司法解释的废止，涉及宪法司法化问题。如有人认为，考虑到我国现行体制，最高人民法院无权对涉及宪法的问题做出解释，所以要停止适用。

这一司法改革的失败，追溯到事件源头乃是因为所依托的案件涉及面太窄，太具体，影响力不够。事件找得不对，制度的形成就缺乏严实的基础，特别是面对如此敏感的问题，该事件实在托举不了。只有“事儿闹大了”，全国人民代表大会才会履行权力和责任对宪法问题做出解释。

（四）“因事成制”的提出

上述五个案例所涉及的事件各有代表性。第一件是谋划事件，是良性事件，是重大事件，上层预先进行了制度安排，并使之一贯化；第二件是突发事件，是恶性事件，也是重大事件，上层主动变革法制以应对变化；第三件是突发事件，是恶性事件，是具体事件，通过一般人士的积极行动，撬动法制变革；第四件是司法事件，是中性事件，是具体事件；第五件与第四件类同，且都因为最高层司法界人士的消极行为使两个典型案例未能引发法制的最终革新，但就审判法官的主动性而言，两案都体现了他们较好的主观意志和变革追求。

由上述五个案例可以得到一个初步印象：重大事件能够直接触动上层进行改革，突发的非重大事件则要经由外力引发改革，其中，顶层设计和顶层决策在法制变革中至关重要，司法资源在法制革新中的作用不可高估。

学者王晨光曾经总结过突发事件促进法治实现跳跃性发展的价值和

理由。他说：“非常时期往往会暴露在正常状态下被遮蔽的法律与社会的差距以及法律自身的缺陷，从而给法治的深入发展提供难得机遇。”理由如下：“1. 突发事件为法治发展提供了新的诉求和空间。2. 突发事件给社会和大多数人带来迫在眉睫的危险和灾难，但同时它所引起的紧急状态也会使社会和大多数人产生共存共荣的整体观念，从而提供一个有利于法治发展的公共领域平台。3. 突发事件对现行法律体系提出挑战，加快其发展和完善。”① 这些论述表现了一个学者的一种很好的学术敏感，但是，笔者不满足于此，而是试图在此基础上总结传媒法制发展的一种新模式。

学者秋风在总结奥克萧特（Michael Oakeshott）《政治中的理性主义》的观点时说，大体上，构成一个可有效运转的宪政制度的规则体系，可以包括三个层面：价值性规则，如民主、自由；框架性规则，如三权分立、司法独立；细节性规则或情景性规则。细节性规则构成一个复杂的、相互关联、相互支持的规则网络，使价值性规则、框架性规则变成生活中的事实，而不只是停留在价值和文本的层面上。② 现代中国的自由主义，基本上只是在价值和文本的层面上接受着西学知识，没有切合中国实际地思考如何将这些知识生成为制度，即宪政制度中的细节性知识缺乏。基于此，秋风受陈寅恪先生启发，提出宪政主义的西学与中国固有传统“资相循诱”的模型。“循”是因循传统，“诱”是西学诱导传统生成优良规则。③ 这一模型认为，中国传统中也有普适性的价值规则和框架规则，只是缺乏西学的情景性激发和诱导使之明确和彰显。虽然对于构成这一模型内涵的“中国传统”的认识大有争议，但

---

① 王晨光：《非典突发事件冲击下的法治》，载《清华大学学报》（哲学社会科学版）2003 年第 4 期。

② 秋风：《嵌入文明：中国自由主义之省思》，江苏文艺出版社 2014 年版，第 256、257 页。

③ 秋风：《嵌入文明：中国自由主义之省思》，江苏文艺出版社 2014 年版，第 283－284 页。

模型的构建本身对于本书的行文思路启发不小。比如，它引导我们去厘清“明确和彰显”传统规则的动态过程是怎样一个过程，即，“诱导”为什么会发生、如何发生等细节性与情景性规则需要我们去填补。故而，笔者在此处继续深入思考，总结了一个法制变革的新模式：“因事成制”模式。“因事成制”也是我国传媒法制建设路径中的一个优良传统，而且是能够为未来提供启迪意义的一个传统。

我国兵家代表人物孙子认为：“激水之疾，至于漂石者，势也”，“善战人之势，如转圆石于千仞之山者，势也”（《孙子·势篇》），“计利以听，乃为之势，以佐其外。势者，因势而制权也”（《孙子·计篇》）。势论是孙子思想中一个重要的原则。其主旨是，根据利益大小确定有效战法，凭借有利于自己的条件，灵活应变，掌握作战的主动权。所谓“因势”，就是运用力量，借势施谋，造势成事。要因势，首先是要充分发挥主观能动作用，要合于利而动，不合于利而止，坚持谋胜，以巧成事，不硬拼实力，集中力量，渐蓄乍用，快速出击等。其次是正确分析形势，充分利用客观矛盾之间互相作用的力量以达到我之目的。

汉代桓宽的著作《盐铁论》卷二之“忧边”篇里说：“明者因时而变，知者随事而制。”“知”通“智”；“制”是“制度，管理方法”。意思是，聪明的人（会）根据时期的不同而改变（自己的策略和方法），有大智慧的人（会）伴随着事物（发展方向）的不同而制定（相应的）管理制度。2013年4月6日，习近平在博鳌亚洲论坛开幕式上的演讲中谈到：世间万物，变动不居，“明者因时而变，知者随事而制”。要摒弃不合时宜的旧观念，冲破制约发展的旧框框，让各种发展活力充分迸发出来。“明者因时而变，知者随事而制”，是一种求真务实的态度，是一种破冰前行的勇气，更是一种创新发展的智慧。

谋势不仅是战争策略，同时也是政治谋略、商场谋略、学术谋略。孙武云：“故善战者，求之于势。”此话放之四海而皆准。下面以宋代大儒朱熹的一首治学之诗作一说明。

朱熹的《泛舟》一诗云：“昨夜江边春水生，艨艟巨舰一毛轻；向来枉费推移力，此日中流自在行。”朱熹借泛舟来比喻做学问，言春水未至时，溪流浅弱，舟需要推拉才能行进。等到春水泛涨，即使是艨艟巨舰也会像羽毛一样轻盈地行走中流，从容自在，全不费力。他以此来比喻人们见道不明时，千思万索，等到省悟出来，就会不思不勉，自然而然。这里是讲做学问的因势而成事，其实做其他事亦然。“势”就是指形势和环境。做事必会知势、造势和任势。知势就是要认识到势的重要性，要造什么样的势；造势即厚积，培育成熟的内部和外部条件，加强有利因素；任势即知势、造势后而薄发，主动出击，依恃成事。得势则事成，失势则事不顺。借势而动，如春水泛舟；造势而为，如架梯登高。作战、从政、经商、治学，均不可一日无势。

“因势成事”是我国古代军事、政治的重要谋略之一。我在GOOGLE上输入“因势成事”进行查询，获得约147000项结果。可见其已经是一个约定俗成的重要概念。“势”是一个很大的范畴，“因势”是我国政治、军事、法律、学术革新的一条传统路径。当今，甚至有学者提出了管理学中的“势科学”理论。他认为，势 = 差别 × 联系，差别越大、联系越紧，势就越大；势的运行机制是差别促进联系，联系扩大差别；势的稳定增长达到某种临界值，系统就发生非平衡相变和非线性分岔，从而衍生出各种素质、创新和风险；管理的实施过程就是在“差别”中寻求“联系”的过程，就是营造信息势的过程。① 而对于我们当前的传媒法制变革道路而言，这个“势”乃具体表现为“事”，包括“能借之事”和“所造之事”，但这个“事”要能够体现出一种“联系”来，即体现了一种暗含历史必然性的“理”，“理兴则事成”；同时，这个“事”还要有很大的差异性，差异到极致的边界，也就可

---

① 李德昌：《势科学视域中管理系统的逻辑机制》，载《管理学报》2008年第6期。

能蕴含风险，而风险又会逼迫创新，从而在差别之中找到新的联系点。据此，笔者仿造了一个法制变革的新概念："因事成制。""因事成制"也就是古代之"因势成事"路径的具象化，也是"资相循诱"模型的升级版。

总之，按照笔者的意思，"因事成制"指的就是，对于社会最需要、但是立法最困难的新闻法而言①，其适宜于借助重大的非常规性事件给国家、社会带来的发展契机和给广大国民造成的心灵震撼（包括痛苦的和快乐的），顺势而为地突破固化思维、革新制度内容。而其中所倚重的事件可能是突发的，也可能是可以预期的。

二、"因事成制"的现实追索

（一）我国批准"B 公约"的艰难历程

《公民权利和政治权利国际公约》（简称"B 公约"）是联合国在《世界人权宣言》的基础上通过的一项公约。《世界人权宣言》包括第一阶段的公民和政治权利以及第二阶段的经济、社会和文化权利两方面内容。因为两部分内容很难在国际上同时达成共识，于是联合国分别撰写了两份公约：《公民权利和政治权利国际公约》以及《经济、社会及文化权利国际公约》。中华人民共和国政府于 1998 年 10 月 5 日在联合国总部签署了"B 公约"，并多次宣布将实施该公约，但是由于"B 公约"与其现行法律有诸多冲突之处，所以国务院至今未提出报告，全国人民代表大会也就自然无法批准该公约。

从 1998 年至今，关于"B 公约"在中国的实施问题经历了多次起伏。因为新闻传播学者不明就里，一边是一如既往地热切而热心的欢呼，一边又总是以失落的心情作结。我国政府签署该公约将近一年后，

① 孙旭培：《新闻法：最需要的法律最困难的立法》，载《新闻知识》1999 年第 9 期。

一位新闻学者欢欣鼓舞地发表文章说：“《公约》规定公民有发表意见自由、结社和和平集会公等，……是一项对缔约国具有法律拘束力的国际条约。……我国新闻立法将在一定范围和一定程度上受到《公约》的制约和影响，（这种影响）表现在立法指导思想与立法内容两个方面。”“我们的新闻立法指导思想不能囿于当下现实，而应树立前瞻性观念”；“（立法内容）要反映新闻传播自身的规律性，……反映我国传播发展的未来趋势，……增强新闻立法的普遍性内容，……体现新闻法的中国特色，但是又不能以之为借口，使《新闻法》成为‘禁止’性条款”。[①] 2004 年 1 月，胡锦涛在访法演讲中承诺，中国将积极研究和批准人权“B 公约”。对此，敏感的新闻学者认为，这是政治文明的表现，我国的传媒法制建设将有新思路。因为中国正式加入“B 公约”之后，一些不相适应的国内现行法律与法规将做出调整，一些呼吁日久却出不了台的专门法，如新闻出版法、广播电视法等将加快立法步伐。[②] 2008 年 3 月第十一届全国人大闭幕时温家宝在记者会上回答记者有关胡佳受审一案时回应，“中国是法治国家，这些问题都会依法加以处理”，并承诺尽快实施《公民权利与政治权利国际公约》。

许多国家从签署到批准“B 公约”都经历了较长时间，如德国 5 年、英国 8 年、意大利 11 年、比利时和美国则用了 15 年时间。大多数国家在批准或加入时通过保留、理解或声明等方式，解决国内法与该《公约》不一致的问题。而我国签署“B 公约”将近 20 年时间。基本同样的表达和不变的现实只能让学者们重复着同样的思想。由此可见，我国政府在对待涉及公民基本权利的问题上是如何慎之又慎的，而且，这方面的改革资源如果是来自于国际或者西方国家，则更要反复斟酌、

---

① 杨保军：《谈谈签署国际〈公约〉对我国新闻立法的影响》，载《新闻知识》1999 年第 10 期。

② 童兵：《政治文明：新闻理论研究的新课题》，载《新闻与传播研究》2003 年第 5 期。

反复与相关的内生资源、已有法规相比较后作取舍。

这恰好印证了一个观点：外国法、国际法无法直接“植入”我国从而转换成国内法的一部分，而是必须在遭遇疑难案件的情况下，才有可能被主动地吸收到本土化的法律体系中来。① 我国法学界泰斗江平教授也说：“《新闻法》涉及的是意识形态的大问题，它的出台还是不出台不能仅从保护或者是规定新闻记者的权利来看，而是要从整个大社会环境来看。”②

（二）困难而又必要的新闻自由

我国宣传口的人常有一句口头禅：“新闻无小事。”新闻无小事，既是考量新闻的宣传价值的结果，也是我们一些人对于新闻自由这一概念的理解使然。新闻自由本于言论、出版自由，它先是公民的基本权利，后来发展为媒介的自由，即媒介代表公民批评、监督政府的自由。我们的新闻自由观都取后者。它将新闻自由设定为一方，将政府控制视为另一方，双方互相提防、互相斗争。所以一提到新闻自由，这种二元对立思维就使政府如临大敌。

我国学者甘阳认为：近百年来中国知识分子的最大教训或许就在于：他们总是时时、处处把社会、民族、人民、国家放在第一位，却从未甚至也不敢理直气壮地把“个人自由”作为第一原则提出，因为在他们看来，个人自由似乎只是关乎一己之私事，岂能作为社会的第一原则？一个人的全部人生目标、人生价值就在于“明道救世”。五四浪漫主义心态正如一切浪漫主义一样，不是把自由首先理解为一种纯粹个人的防卫原则，而是把自由膨胀成了涵盖一切并且能够解决一切问题的宇

---

① 泮伟江：《从规范移植到体系建构——再论中国法律的本土化困境及其出路》，载《北京航空航天大学学报》（社会科学版）2011 年第 5 期。

② 邢五一：《江平说，中国需要一部改革开放的新闻法》，载《中国律师》1999 年第 3 期。

宙进取原则。[①] 我们的如上新闻自由观也正是这一传统思维模式的产物。但是，新闻的本义是指“新近发生的事实的报道”，其本体是“事实”，其主体是公民个体，那么新闻自由应该是指个人追寻事实真相的自由。对政府的监督、批评只是新闻的衍生功能，是人们接受新闻信息满足求知、求真欲望之后的进一步叩求。如果我们将新闻自由想得太狭隘、太功利，便会失却其基本精神，使社会失序，也会招来许多封堵新闻的口实，使公民失却许多“知”的基本权利。而“知”的重要性，则在这次北京奥运会报道中得到了很好的体现。北京奥运会期间对外国记者的开放姿态并没有给我们带来“知”的困窘，反而让我们备尝了“知”的甜果。

正因为新闻自由实现之难难在观念，但它又是一个不坏的东西，所以我们不妨先超越概念之争而谋求实践性尝试，一步步接近它的本义。这既能求得法治实效，同时也为理论研究积淀经验。追求新闻自由，我们既不能眼巴巴地等它来，又不能硬扎扎地拽它来，在长期的学术研究使人们明晰新闻自由的真正、全部内涵的同时，只能想办法把它“提溜”过来。这就需要或借事或造事而行。借事如趁月黑风高夜暗度陈仓，造事如以甜言蜜语赢得芳心。政治家的智慧就体现在“用事”的时候。我们常说，“世界不幸新闻幸”。这是站着说话不腰疼的不厚道表现。但是它却道出了一部分真理。倒不是因为世间有了突发事件，新闻人、新闻媒体有了事做、有了出头机会，而是因为上天在制造不幸的同时也给了我们很好的改过自新的机缘，给了我们“因事成制”的由头。当然，成事在天，谋事在人，如果我们不能抓住这一机缘，在灾难面前就会输得一无所有。职是之故，2003 年“非典”事件过后，我们在新闻发布制度上的长进使我们在愧怍之余也有点交代。2008 奥运会的成功举办对于我国的国家形象塑造是一次很好的造事，但对于新闻制

---

① 甘阳：《自由的理念：五四传统之阙失面》，http：//www. jus. cn/ShowArticle. asp? ArticleID = 2261（访问时间：2008 年 3 月 14 日）。

度建设而言则是极佳的借事。开放外国记者的采访权制度借奥运会而成，经奥运会检验为是，它本身已成为实现国内记者采访自由权可资借鉴的对象。

（三）应对风险社会的现实需要

现在的社会是一个充满风险和变数的社会。风险社会的根本特征是个人生活与社会秩序的不确定性。一般认为，风险是"关于某一事件/行为发生的可能性及其对发展目标的影响的描述"①。风险既来自客观现实，也可能源于现代性的制度和观念。根据吉登斯（Anthony Giddens）、贝克（Ulrich Beck）等人的观点，"晚期现代性"造成了世界范围内时间与空间的"脱域"，主体间直接的、面对面的互动已转换为主体"无需在场"。于是，在交由专家决定公共生活的年代，一切的不确定性和风险就随之而来。②

在贝克的分析中，有一个概念特别值得重视，即"有组织地不负责任"（organized irresponsibility）。他说，没有一个人或一个机构似乎明确地为任何事负责，各种公司、政策制定者和专家结成的联盟制造了当代社会中的危险，然后又建立一套话语来推卸责任。③ 这种"有组织地不负责任"体现在两个方面：一是尽管现代社会的制度高度发达，关系紧密，几乎覆盖了人类活动的各个领域，但是它们在风险社会来临的时候却无法有效应对，难以承担起事前预防和事后解决的责任；二是就人类环境来说，无法准确界定几个世纪以来环境破坏的责任主体。各种治理主体反而利用法律和科学作为辩护之利器而进行"有组织地不

① 张成福、谢一帆：《风险社会及其有效治理的战略》，载《中国人民大学学报》2009年第5期。

② 方舒：《风险治理视角下社会工作对突发公共事件的介入》，载《学习与实践》2014年第4期。

③ ［德］乌尔里希·贝克：《风险社会》，吴英姿、孙淑敏译，南京大学出版社2004年版，第191页。

承担真正责任”的活动。在风险社会，要“再造政治”以应对风险。政治的发明创造意味着有创造力和有自我创造力的政治。这样的政治既不培育和恢复旧有敌意，也不从中汲取其权力和强化其手段，而是设计并创造出新内容、新形式和新联盟。① 贝克认为再造政治包括五个方面的内容：第一，人们必须告别这样的错误观念，即行政机构和专家能够准确地了解对每个人来说什么是正确的和有益的。要破除专门知识的垄断。第二，团体参与的范围不能由专家来定，必须根据社会的相关标准开放，实现管辖权的开放；第三，所有参与者必须意识到，决策不是已经制定好的，从外部做出的。要实现决策结构的开放；第四，专家和决策者之间的闭门协商必须传达到或转化为多种能动者之间的公开对话；第五，整个过程的规范必须达成一致，实现自我立法和自我约束。② 贝克所真正担忧的是，面对风险社会，管理者如何积极、能动地承担责任，如何使管理决策呈现一个动态、开放且社会化的结构。

风险社会无疑给法的确定性带来了冲击。法的确定性是相对的，风险是绝对的。风险社会里法的不确定性的功能性诱因在于，法律的滞后性。法律的滞后性造成法律在重大的危机事件中的无能为力。在法治社会里，应对如此重大风险却又必须依靠法律。此时，如果还将法律视作一个封闭的系统、自足的体系，我们要么变得手足无措，要么依赖于行政决断，而这又是与法治精神相违背的。所以，法律需要建立弹性化机制，即，随着经济基础和社会情势的发展变化，法律为了保持其现实性和生命力，也需要适时进行调整和修改。正如法社会学家卢曼（Niklas Luhmann）所指出的：“法律的稳定性和有效性已经不再依赖于一种更高的和更稳定的秩序，恰恰相反，它依赖于一种变化原则（principle of

① ［英］安德鲁·多布森：《绿色政治思想》，郇庆治译，山东大学出版社2005年版，第48页。

② ［美］查尔特·墨菲：《政治的回归》，王恒、臧佩洪等译，江苏人民出版社2001年版，第38页。

variation)：法律的稳定性和有效性的基础正在于法律的可变性。”“日益复杂的社会对法律的步步紧逼将继续维持下去，因为法律的有效回应还没有展开”。① 卢曼要求我们直接面对公法的当代现实，致力于回答法律如何为当代社会提供一种能够安排和限定政治—行政系统之运作的规范性框架。② 卢曼似乎发现了在法律规范和社会现实的边缘存在着“曲径通幽”的门扇，提供了作为规范的法律与作为事实的外部环境互相沟通的线索和津梁。③ 这一“门扇”和“津梁”就是风险事件。所以，中国学者说：“我们有必要把风险管理纳入法学研究的范围内，把所谓风险社会的现实化作为全面落实依法治国基本方略的一个前提。”④

当今中国社会还是一个同质化程度降低的社会。一方面，社会成员之间生活境况严重分化；另一方面，社会成员的观念多元化、思想活跃化。这两方面的变化导致各阶层、各群体间的社会主张与利益诉求日益复杂，甚至彼此冲突，进而带来中国法治建设很大的复杂性。“在此背景下，传统的法治理论与知识既难以为当代中国法治现象提供恰当的解说，更难以为当代中国法治实践提供有效的导引，由此而产生了从中国现实出发，进一步审视法治的内在矛盾，探索当代中国法治建设的应有机理的现实要求。”⑤ 同质化降低，异质化突现，偶在事件、例外状况成为当前社会里的“常量”，而对于这些新“常量”如何以法制去规范之，是摆在领导者面前的巨大课题。

职是之故，应对异质化社会的传媒法治建设的应有机理，有何现实要求？这正是当政者需要深入思考的。

---

① ［德］尼格拉斯·卢曼：《一种法律的社会学理论》，转引自［英］马丁·洛克林《公法与政治理论》，郑戈译，商务印书馆 2002 年版，第 359 页。

② ［英］马丁·洛克林：《公法与政治理论》，郑戈译，商务印书馆 2002 年版，第 365 页。

③ 季卫东：《法治构图》，法律出版社 2012 年版，第 101 – 102 页。

④ 季卫东：《法治构图》，法律出版社 2012 年版，第 436 页。

⑤ 顾培东：《我的法治观》，法律出版社 2013 年版，第 60 – 61 页。

新闻是敏感的，新闻法更是敏感到了神经末梢。如何推进新闻制度建设，“主政之人”要有大智慧。我想我们的领导人不是不明白民主进步的新闻制度为何，而是因为有太多的观念或人为的阻力在掣肘着这些制度的实现。“因事成制”思维实乃大智慧思维。因为这涉及政治改革的社会代价。我国20多年来的经济改革的基本特征是：渐进式改革。这样的渐进做法使我们避免了混乱，经济得以快速发展，实现了最小代价、最大收获。因此，绝大多数人认同，我国的政治改革也应该仿照经济改革而行，采取循序渐进的路线。可是，尽管如此，我们还是不得不指出，政治改革在渐进中也需要当机立断。“法治的时间紧迫性才是法治时间性问题的关键所在。”“如果空等‘时间的推移’，任由秩序‘自生自发’，那么结果只有一个：坐以待毙。因为就算变法者等得，变法中既得利益受损的那些人也等不得，也不会听天由命。何况改革者必定明显处于相对少数这一力量对比，也决定了法治建立的时间紧迫性。”①传媒法制建设的当机立断就“断”在“事”功之上。它以“事”为东风，集中力量，渐蓄乍用，使制度一朝得成。“因事成制”很好地体现了“渐进”与“立断”的辩证统一，既有预期成果，又能避免风险。

总之，一种权利能否得到保障，不在于制度是否订立、制度是否健全。法律规定一种权利，仅仅相当于老板给其员工打了一张欠条，员工能否真正拿到那笔钱或拿到那笔钱中的多少，还要看这个老板手中有多少可用资本以及他如何考量相关因素。我们不能盲目攀比权利，就正如员工不能盲目攀比工资。政治家们以借事、造事的智慧使新闻传播权利“软着陆”，是“老板”深思熟虑“社会资源”后的明智之举，它使人们深切甚至痛切地体会到有关新闻制度非如此变革不行，从而使制度瓜熟蒂落。而且这种体会也能保证新制度得以贯彻实行，避免法律一旦得立却成为摆设的命运，避免传媒法成为除了能宣示立法者的立场外别无

---

① 凌斌：《法治的中国道路》，北京大学出版社2013年版，第43页。

他用的“软法”。[①] 我们认为，有些法律（如传媒法）只有建立在深刻的“痛感”（如非典事件）或“快感”（如奥运会）之上才可能是有效的。正如一位学者所言，只追求权利的规范性意义、并且用权利来指导法律制度的建构的“权利话语”，是一套修辞技术，而不是论证，其在一定程度上标志着中国法学的贫困。[②] 孙中山先生在《民权主义》第三讲中有一句话：“如果专拿自由平等去提倡民气，便是离事实太远，和人民没有切肤之痛，他们便没有感觉，一定不来附和。”[③] 虽然此话针对的是那些提倡自由者不了解中国民众最切实的苦恼是贫困而不是自由来说的，但是放到法制建设来看也很适用：法制离事实太远，人民就没有感觉，就得不到支持，就缺乏立基之所。

（四）事实改变观念

“因事成制”的现实必要性还体现在，一些特殊的事件能够改变人们根深蒂固的观念，而观念的改变又将引起制度的变化（虽然其中的变化速度各异），正如霍布豪斯所说：“巨大的变革不是由观念单独引起的，但是没有观念就不会发生变革。”[④]

按照唯物主义认识论，事实始终是第一位，观念是第二位的，但观念对于事实有着重要的影响。先看观念的重要性。“观念的力量可不能小瞧”，“我心目中理想的社会变革应当是一个水涨船高的过程。政治制度的变革源于公众政治观念的变化，而政治观念的变化又植根于人们

---

① 此处只是借“软法”这个词一用，并不考虑其丰富内涵。有关“软法”的研究请参见田成有《中国法治进程中的软法问题及软法现象分析》（http://www.civillaw.com.cn/article/default.asp?id=40222，访问时间：2004年5月28日），以及罗豪才及其博士生群体的相关研究。

② 桑本谦：《理论法学的迷雾——以轰动案例为素材》，法律出版社2008年版，第23－25页。

③ 转引自［日］佐藤慎一《近代中国的知识分子与文明》，刘岳兵译，江苏人民出版社2008年版，第265页。

④ ［英］霍布豪斯：《自由主义》，朱增汶译，商务印书馆1996年版，第24页。

生活观念的变化”。① 这是观念的正面功能。观念的负面效应也很强大。不少人长期以来已经形成某些固定的观念，他们认识世界是从既有观念出发，颠覆了事实与观念的正当次序。有时候，他们只是从事件中肢解出证明自己观念的一个侧面，见木不见林；有时候，他们用既定观念对事实做出错误的批评或评价。如前面第三章所分析的，自由观念多方掣肘着中国传媒法制的建设与发展。

再看观念的改变。要改变这些观念，不是一朝一夕的功夫。林毓生教授提出一个观点：“借思想文化以解决问题。”在他看来，“要振兴腐败没落的中国，只能从彻底改变中国人的世界观和完全重建中国人的思想意识着手”。“进一步设想，实现文化改革——符号、价值和信仰体系的改革——的最好途径是改变人的思想，改变人对宇宙和人生现实所持的整个观点，以及改变对宇宙和人生现实之间的关系所持的全部概念，即改变人的世界观。”② 诚如林毓生所言，文化改革的根本希望正维系于观念的改变，但是，法律、政策等容易改变，可以说要改就改，而观念却不易变。这就需要我们认真探索改变观念的途径。

刘瑜说：“观念水位变化的一个重要标志就是：以前在人们眼中不是问题的问题，开始变成问题了。”③ 换言之，问题是观念的表征。按照笔者的逻辑，问题又常常挂靠在具体的事件之上，所以，观念的变化一定起于事件的“青萍之末”，一些刻骨铭心的事件会让这些观念如冰遇朝阳般慢慢发生由冰到水再到蒸汽的变化，或者甚至让观念一下子碰得粉碎。除非一种观念像上帝一样“永远正确”，否则，当这个观念站不住脚的时候，所有的障碍也将失去根基。当然，“自由”问题的各个侧面并非人们惯常所认为的那么非此即彼地二元对立。所以，通过具体

① 刘瑜：《观念的水位》，浙江大学出版社 2013 年版，第 60 - 61 页。

② ［美］林毓生：《中国意识的危机——“五四”时期激烈的反传统主义》，贵州人民出版社 1986 年版，第 43、44 页。

③ 刘瑜：《观念的水位》，浙江大学出版社 2013 年版，第 60 页。

事件让自由观念逐渐转型以适应法制化发展就更加显得顺理成章。

观念的养成既可以依靠知识的习得和人的思考，也可以是外部世界的促成。前者以美国霍普金斯大学的洛夫乔伊（Arthur Oncken Lovejoy）为代表。他偏重于对观念作个人的思想分析和抽象的哲学分析。后者以英国剑桥大学的斯金纳（Burrhus Frederic Skinner）为代表，他重视观念产生的“语境”分析，认为观念因为社会政治问题而引发相应的变异。事实改变观念，但这个事实必须是包孕了若干问题事实，亦即有很多观念的触发点存在。有学者说过：“一般说来，如要探讨事件如何影响普遍观念，首先必须明确界定导致该事件发生的原因，然后从复杂的因果关系中阐明普遍观念变化的逻辑。”① 也就是说，从引发该事件的原因中去推断新观念的面目。旧观念是历史事件造成的，新观念也可以通过新的事件加以改变。但是，“并非所有事件都和普遍观念变化有关，只有那些和人的价值追求强烈相连，以及和理想社会蓝图有关的事件，才会反反复复参与到观念建构之中”。为了研究事件如何影响人们的观念，金观涛等人提出了“观念史图像中的事件”这一新概念。“观念史图像中的事件”“是指该事件的参与者或观察者在自己的观念图像中有明确的定位的事件”。“研究事件如何影响观念，首先必须对历史事实进行筛选，并确定与我们研究对象有关的观念史图像中的事件的集合。”② 只有那些能够触发强烈目的的事件才能改变观念，因为改变后的观念又能够助推这一目的的实现。事件促使“认知解放”，“认知解放”也就是心灵受到了冲击。那么重要事件对参与者的心灵冲击如何改变了他们的原有观念？对此，金观涛、刘青峰两位学者也有思考。他们说：“人的行动受观念支配，该观念包含了对行动后果的预期。因

① 金观涛、刘青峰：《观念史研究：中国现代重要政治术语的形成》，法律出版社 2009 年版，第 404 页。

② 金观涛、刘青峰：《观念史研究：中国现代重要政治术语的形成》，法律出版社 2009 年版，第 406 页。

此，行动所带来的后果对支配其发生的观念一定存在着反作用。当预期得到实现，行动者就会强化原有观念，并采取更为主动或自觉的行动；当预期没有实现，特别是后果大大出于行动者的意料之外时，行动后果会根据思想演变的内在逻辑产生新观念。”接着，他们详细地以逻辑图式解析了这一改变过程。① 此处不赘述。

三、“因事成制”的法理论证

（一）作为论题学法学的“因事成制”

“因事成制”是现实之所必需，但是其是否有知识谱系上的生成理据呢？我们的回答是肯定的，因为“因事成制”思维实是一种“论题学法学”、回应型法的思考方式。

“因事成制”中的“事”是客观外在，“制”是观念外化。客观的事件如何可能变成主观的制度呢？对此，胡塞尔的现象学提供了答案。胡塞尔借用了“悬搁”（epoche）这个术语来表示现象学对经验的事实世界所采取的根本立场。“悬搁”这个术语来源于古希腊怀疑论哲学家，意思指中止判断或将判断搁置起来，对一切给予的东西打上可疑的记号。对此，胡塞尔还有一个形象的说法，叫“加括号”。在写一段文字时，可以把其中的某一句话放进括号里，暂时不去读它，先读主体部分，然后再来读这一部分，这并不影响对整句话的理解。胡塞尔企图通过把古往今来的思想观点和哲学主张放进括号里，存而不论，从而追求哲学绝对自明的开端。另外，这样做还可以防止转移论题，杜绝在解决问题的过程中运用未经审查的间接知识。现象学的悬搁包括两项基本内容：一是对存在加括号，即对现实世界存在的问题不予考虑，排除对自然界和人世间存在的信仰，从而直观现象本身；二是对历史加括号，即

① 金观涛、刘青峰：《观念史研究：中国现代重要政治术语的形成》，法律出版社 2009 年版，第 444－445 页。

把历史上关于世界的种种观念、思想、见解搁置一旁，使其失效，不作为认识的前提和出发点。这样做不仅可以获得哲学立场上的独立性和方法上的自由性，而且也满足了严格科学的哲学应当没有任何预先假设的要求。摆脱了各种假设的干扰，人们就可以转向呈现在意识中的东西，回到事情本身。对于传媒法制的“因事成制”路径来说，“加括号”就是先将本来有合理性甚至是真理，但因为其特殊性而在中国“不受待见”的观念搁置起来，回到事情本身，观照事件，化解事件，让事件自明其理，进而追迫出制度来。正如卡多佐（Benjamin Nathan Cardozo）所说：“法律产生于存在于事物之间的事实的一些关系。和这些关系一样，自然的法律也处于永恒不断的新生之中。我们不再必须从理性推演出来的文本或体系之中，而是从社会效用中，从某些后果会追随某些假定而来的必然性中寻找法律的渊源。……规制的含义体现在……社会生活的迫切需要之中。这里有发现法律含义的最强可能性。同样，当需要填补法律的空白之际，我们应当向它寻求解决办法的对象并不是逻辑演绎，而更多是社会需要。”① 进而可以说，“人们的立法、司法活动（包括法律解释）是以人们对社会事实的认识为前提的，人们所立的和所适用的法实际上就是被认识到的事物的理，或者说就是变为法的事物的理”②。总结而言，事实不仅是法律变革的外在压力，也是法律革新的内在资源。

社会学家尝言，社会学要面对实践形态的社会现象，要将一种实践状态的社会现象作为社会学的研究对象。面向实践的社会学，所要面对的就是处于实际运作过程中的社会现象。这位学者还说，他提倡“过程-事件分析”方法的目的是为了接近实践形态的社会现象，或者说是为了找到一种接近实践状态社会现象的途径。因为事件性过程的特性

---

① ［美］卡多佐：《司法过程的性质》，苏力译，商务印书馆1998年版，第75-76页。

② 严存生：《“法在事中”——从疑难案件的法律解释想起的》，载《法律方法》第二卷，山东人民出版社2003年版。

是把实践状态浓缩和集中了，因而包含了更多的信息；事件性的实践过程具有一种创造性机制，是一个再生产过程；事件性过程提供了实践状态的可接近性。[①] “因事成制”现象是法社会学研究对象，对其分析应该充分吸取“过程－事件分析”的研究方法。

西方法律学者说，当代的法律话语不再是社会文化的简单表达，更确切地说，法律仅仅与社会的某些领域、特殊场合以及不同片断紧密耦合。[②] 中国法理学学者也认为，法学知识正如法律现象本身一样，是特定历史语境中的产物，其可以而且只能、甚至应该成为社会法律实践中的一个组成部分，从而无法独立自身。不将法学知识视为“科学”知识，可以帮助我们获得更为积极的实践意义。法学知识的构建，应该积极参与社会法律实践中的“真实斗争”，在多方不同乃至对立的价值意见之中论辩、抉择，真正实现法学知识作为制度创新的因素之一。[③]

对“因事成制”可以作更久远的学理考察。亚里士多德（Aristotle）将人类的思考方式分为思辨之思、理论之思和实践之思。实践之思是创制活动的开始，“一切创制活动都是为了某种目的的活动。而被创制的事物的目的不是笼统的而是与某物有关，属于何人，它是行动的对象”。实践之思“是一种实践的真理，而思辨、理论的思考则不是实践的，它只是真与假而不造成善与恶”。[④] 这种实践知识包括宗教知识、政治知识、法律知识等。所以，法学的思考总是表现为“及物的思考”，它要以“通晓个别事物”为入口，要围绕具体的“事物”“事情”，即实践中的社会生活关系而展开思考。这不是一种普遍性思考、

① 孙立平：《实践社会学与市场转型过程分析》，载《中国社会科学》2002 年第 5 期。

② See Cunther Teubner, *The Two Faces of Janus*: *Rethinking Legal Pluralism*. 13 Cardozo Law Review, 1992, pp. 1443－1462.

③ 刘星：《法学“科学主义”的困境——法学知识如何成为法律实践的组成部分》，载《法学研究》2004 年第 3 期。

④ ［古希腊］亚里士多德：《尼各马科伦理学》，苗力田译，中国人民大学出版社 2003 年版，第 120 页。

体系性思考，而是运用“个别化方法”的思考，是“情境思维”的展演。[①]“因事成制”路径就是“情境思维”运思过程的外化结果之一。它依托事件解决“问题”的思考方式与西方的一种名为“论题学”的学问非常相似。亚里士多德认为，当对某个提问提供多于一个答案时，就存在着某个“问题”。论题学是确立研究论题或论题目录的学问。要确立论题，就要寻找问题。所以论题学又被称为“寻找的技艺”。形成了论题就是找到了论证的前提。换到法律上来说，就是“法的发现”。故现代学者“将这种前提用于法律证立的理论”。[②] 但是，严格地说，确立论题还只是发现法律，我们认同法的发现与证立的二分说，[③] 其证立还需要具体事件的顺势推动，使之与社会保持“地气”，从而贯穿以法律的现实论证，而不是理想（空想）论证。新闻法不再是被完美地“思”及，而是被社会“体验”到的。当然，其中不排除其需要符合自由、平等、正义等法的基本价值和秩序。

既然“因事成制”是一种论题学法学，那么由此而成的传媒法制就不可能是一步到位的单个法，而是分时段订立的、应对具体事件的法的“集束”，进而慢慢逼近一部宏观的《新闻/传媒法》。由此引发的问题是，在“因事成制”时，我们要处理好“体系思考方式”与“困局思考方式”的辩证关系。“因事成制”既是在处理困局，又要考虑宏观的法制建设诉求。于是，这必然要求我们思考，问题的恒定性到底来自何处？德国论题学法学学者菲韦格（Theodor Viehweg）的答案是，问题来源于先在的理解之关联结构。[④] 笔者的理解是，此“先在的理解之关联结构”应该是指先哲们对于人类社会文明、进步的所有思考。“因事

① 舒国滢：《寻访法学的问题立场》，载《法学研究》2005 年第 3 期。

② ［德］罗伯特·阿列克西：《法律论证理论》，转引自舒国滢《寻访法学的问题立场》，载《法学研究》2005 年第 3 期。

③ 焦宝乾：《法的发现与证立》，载《法学研究》，2005 年第 5 期。

④ Viehweg，a. a. O.，S. 33f. 转引自舒国滢《寻访法学的问题立场》，载《法学研究》2005 年第 3 期。

成制"要有大智慧，不光体现为上文所说的行事技巧，还表现为理论和思想上的积累。

（二）作为社会回应制度的"因事成制"

美国法学伯克利学派主张，要通过制度创新去改造世界。法学学者季卫东用如下一句话归纳了他们的思路："在法律中认识社会、在社会中改造法律。"① 其代表人物塞尔兹尼克（Philip Selznick）说："什么被认为是公正的，这不仅取决于广泛的历史背景，而且也取决于能够产生不满和激发欲望的特定的社会环境。"② 其法社会学方法论强调社会合力作用，遵从秩序发展的偶然性的历史主义观点。③ 法的生成与效用脱离不了具体的环境，这一环境甚至表现为偶然性的事件。塞尔兹尼克与另一位美国学者在《转变中的法律与社会：迈向回应型法》一书中说：法学家应该"对所有冲击法律并决定其成效的因素都要有充分的了解"，"法律机构应该放弃自治型法通过与外在隔绝而获得的安全性，并成为社会调整和社会变化的更能动的工具"；回应型法"把社会压力理解为认识的来源和自我矫正的机会"。④ 也就是说，回应型法强调其对于政治、社会的开放性，而不是法律本身的完整性，法律要化外在的压力为自身的发展契机，要顺势而为。在回应型法的理论中，法律能够对社会进行能动的回应，针对社会的新问题，法官能迅速地形成、创制法律，其典型功能是调整而非裁判，调整是精心设计和及时修正那些为

---

① 季卫东：《正义思考的轨迹》，法律出版社2007年版，第97页。

② Philip Selznick, "Law, Society and Industrial Justice", in *New Brunswick*: *Transaction Books*, 1969, p. 184.

③ See Philip Selznick, "Legal Institutions and Social Controls", *Vanderbilt Law Review*, Vol. 17 (1963).

④ ［美］诺内特、塞尔兹尼克：《转变中的法律与社会：迈向回应型法》，季卫东、张志铭译，中国政法大学出版社2004年版，第82、85页。

实现法律目的所需要的政策的过程，是一种阐明公共利益的机制。[①] 在回应型法的设想中，它的一个独特特征是探求规则和政策的内涵价值，即正义。回应型法强调目的的支配作用，寻求目的的权威来代替规则的权威，即正义的权威代替程序的权威，更体现出法律追求实质正义的初衷。它有宏大的追求，但是，这个追求又是充分“接地气”的。这种“接地气”表现为：“回应型法以宪法为根基，将法治理解为一种独特的制度体系而非一种抽象的理想，其能够以法治为框架审视已有社会发展模式和制度的能力和缺点，并根据社会需要参与调整制度安排，消解政治冲突，重构社会关系。”[②] 这种“接地气”之法的效果很明显：“只有在坚守宪法根基的基础上，主动、理性地回应社会需求，与其他社会控制手段一道致力于重整社会秩序，推动法治社会的建立，才能在消弭社会危机的同时树立法律的权威。”[③] 亦即，拥有“宏大”内容的回应型法不是“修辞术”，而是执行有力的“解困之道”。

按照哈耶克《法律、立法与自由》一书的逻辑推演，“重构社会”的问题也就是秩序如何生成的问题。重构社会就要面临无数的不确定性，而“不确定性就意味着一种促使自由与秩序生生不已、渐行不息的绽出性”。[④] “正是在不确定性内在于社会秩序中，或作为社会秩序之源这个意义上，自生自发的社会秩序就成为真正有意义之秩序，是无数个人心智通过预期把握‘时间性’中绽出的不确定性的秩序。”[⑤] “时间是知识差异性的出现和知识进步的根源，也会导致不同环境之下的不同个人采取不同的行动；时间意味着社会秩序的具体内容不可能遵循严

① ［美］诺内特、塞尔兹尼克：《转变中的法律与社会：迈向回应型法》，季卫东、张志铭译，中国政法大学出版社 2004 年版，第 122 – 123 页。

② 刘静坤：《回应型法与法治的构建》，载《人民法院报》2013 年 10 月 25 日。

③ 刘静坤：《回应型法与法治的构建》，载《人民法院报》2013 年 10 月 25 日。

④ 周红阳：《预期与法律——朝向哈耶克的时间域》，法律出版社 2008 年版，第 31 页。

⑤ 周红阳：《预期与法律——朝向哈耶克的时间域》，法律出版社 2008 年版，第 30 页。

密的控制，它在很大程度上受着‘现场的’分散偶然因素的左右；相继而来的真正问题就在于，如何才能更好地帮助人们最充分地把握和运用经由时间要素的内生作用而分散在无数人之中却又在整体上不为任何人所能掌握的知识、技艺和获得知识的机会；……时间因素的存在为一切个人行动者增加了机会，使得个人的处境根本取决于自身的努力”，即，“每个人的所得部分地取决于他的知识、技巧和努力，部分地取决于运气”。[①]“自生自发秩序的形成乃是它们的要素在应对其即时性环境的过程中遵循某些规则所产生的结果。”[②] 人之活动就是要持续不断地调整自己，以与千方百计地从整体上不为任何个人所知道的事实相调适，并且通过与这些事实相调适的过程而发挥自己的作用。[③] 不确定性和时间要素结合在一起就是偶然事件的爆发。事件的爆发必然引发秩序的生成，这就是哈耶克所谓的“自生自发秩序”。但哈耶克又认为，小到个人、大到政府必须针对这样的事实进行能动性的调适。那么，这种“调适”的依据何在？依据在“默会知识”。哈耶克认为，由个人拥有的默会知识实是一种高度个人化的实践性知识，或者说它是相当依附于“知道者”本人的，它是对个人行动者所感觉到的个人所处环境做出的一种独特反应。“默会知识”在根本上乃是个人行动者在知道如何方面的“知”，因为他们知道如何遵循社会行为规则和如何行事。[④] 如此可见，“事实”在哈耶克的立法思想中占据了何等重要的地位。对于我们而言，“因事成制”就是需要我们在不确定性中把握时间、“默会”事实，从而绽放出制度鲜花，一如人们所期待的那样。

---

① 周红阳：《预期与法律——朝向哈耶克的时间域》，法律出版社 2008 年版，第 47－48 页。

② ［英］哈耶克：《法律、立法与自由》（第 1 卷），邓正来等译，中国大百科全书出版社 2000 年版，第 63 页。

③ ［英］哈耶克：《法律、立法与自由》（第 1 卷），邓正来等译，中国大百科全书出版社 2000 年版，第 35 页。

④ 邓正来：《规则·秩序·无知：关于哈耶克自由主义的研究》，生活·读书·新知三联书店 2004 年版，第 151 页。

用美国学者吉尔兹（Clifford Geertz）的观点来总结上文内容就是，在任何社会里，法律总是杂乱无章和井然有序的结合体，法律是在现有环境场合的搅浑的水中运作。“法律与其说是具有道德（或非道德）规模的社会的一种技术性附加物不如说是社会的一个更积极的部分”，法律“是可以组合的”，“法律是地方性知识，而不是与地方性无关的原则，并且法律对社会生活来说是建设性的，而不是反映性的，或者无论如何不只是反映性的”，法律解释应该着眼于“规范的根据和事实的描述之间的关系”。① 法律是一种地方性知识，这种地方性不仅指空间、时间、阶级与各种问题而言，并且指情调而言——一种观点产生的经过自有其地方特性并与当地人对事物之想象能力相联系。法律与事实总是或常常是搅和在一起，法律是针对事实（件）的，事实（件）是法律的附着之点。于此，季卫东先生提出法的拟态性（或称法的仿生学）概念。他说，他对法律更感兴趣的不是中国式秩序的终极根据的性质，恰恰是法律规范对具体事实的“变己适应”，“法律有时君临社会之上，但在更多的场合中却隐蔽甚至融化在社会之中。这种拟态性使得表面上看来十分简单机械的权力结构可以具有相当程度的弹力和生命力”。② 法的仿生学即是指法律仿事件而生。

四、“因事成制”模式的运行构想

（一）“因事成制”模式中的辩证关系

1. “例外”与“日常”

“因事成制”中的“事”无论是突发事件还是预先安排的重大事件，都有超出日常生活轨道的内涵，都属于“例外”。那么，此等“例

① ［美］克利福德·吉尔兹：《地方性知识》，王海龙等译，中央编译出版社2004年版，第275－277页。

② 季卫东：《法治构图》，法律出版社2012年版，第22页。

外”有何“日常”意义呢？

当今社会是“风险社会”。在西方学者那里，对“风险社会”的概念、内涵，他们有他们的理解。在中国传统里，“风险社会”就是“多事之秋”的意思。法治社会里的人们，要应对“多事之秋”的局面，法律常常显得不够用。因为，很多事和很多事里的人常常溢出原有法律的框架。季卫东先生在其题为《风险社会的法治》的发言中两次说到“例外”与“日常”的关系：“风险社会总是与危机、事故、损害相联系，经常遭遇紧急事态，使‘例外’反转成‘日常’，从而在不同程度上迫使法制修正既定的路线”；“中国传统法实际上是始终把‘例外’作为‘日常’，归根结底是以紧急事态为前提来进行制度设计的”。①两句话所表达的观点就是“因事成制”的意思，只是后一句话的佐证材料，笔者反复搜索未果。但作者的大意是每一个人都能接受的，即，中国传统一向不重视法制建设而只偏于道德教化，只有面对“被逼无奈”的事件时才会想到刚性的措施，而当这个事件具有很强的制度可类比性时，前人们就会设计刚性的法律，既应对眼前，又防患未来，而且一旦特殊立法，此后便成了常法。

在西方，较早对“例外”状态进行过全面分析的哲学家是克尔凯郭尔（Soren Aabye Kierkegaard）。用他的话说：“例外解释常规及其自身，如果人们想正确地研究常规，就只好先找到真正的例外。例外比常规更清楚地提示一切。无休止地谈论常规已经令人厌倦，世界上存在着例外。如果它们无法得到解释，那么常规也无法得到解释。这个难题常常没有引起重视，因为常规不是以情感去思考而是以令人舒适的浅薄去思考。但是，例外却是以强烈的情感来思考常规。”② 在克氏看来，例外是比常规更为基本的范畴，常规的解释依赖于例外的解释；例外应该

① 季卫东：《法治构图》，法律出版社 2012 年版，第 437、450 页。

② 转引自［德］卡尔·施米特《政治的神学》，刘宗坤译，上海人民出版社 2003 年版，第 14 页。

得到更多的重视，还因为例外有更多的人文关怀，这种关怀的情感能够给常规的重建带来启示。正是基于这一点，我国著名法学学者苏力说，他偏爱例外，“只因为真正需要思考或挑战并最终能拓展我们思考和知识的从来都是看起来异常或例外的现象”。①

但是，法律上的例外的常规化如何保证法律的普遍有效性？如何防止“头痛医头，脚痛医脚”的现象？有学者开出的药方是：法律的规范有效性必须以法律体系的整体现实有效性为条件。这个法律秩序的整体实效性，不能仅仅从普通社会学的纯粹外部观察者的角度来界定“实效性”的概念，而必须从人们对法律规则所持有的规范性态度的角度来理解实效性。这个态度就表现为对法律规范体系的整体的“认同”上。② 接续本书前面的观点，笔者认为，“因事成制”产生的“例外”性法规要想获得整体“认同”，必须体现文明、正义、公平的理念，一定要有符合这些理念的人文视野。具备这些要素的法律将会推动社会进步，反之，则会助纣为虐。下文论及的施米特的政治法学就是后者的一个典型案例。

2.“社会”与“政治”

新闻法应该是回应型法，既是回应社会的，也是回应政治的。其中，“社会”与“政治”的关系的把控至关重要。此时的“社会”表现为具体事件，而“政治”就是事件中所蕴含的国家、政府利益与权力等（即前文中加了引号的“政治”）。有国内法学学者说，法律如果只“迷恋18世纪以来形成的一些抽象的人权原则，而忽略了这些人权原则背后的政治意涵，忽略了人权概念背后的‘国家利益’，往往容易导致所谓的‘书生误国’”。“如何将思想与政治结合起来，如何将普遍的人

① 苏力：《何为宪制问题——西方历史与古代中国》，载《华东政法大学学报》2013年第5期。

② 有关讨论参见泮伟江《常规的例外化与例外的常规化——重新理解中国法律的实效性困境》，载《东方法学》2011年第3期。

权原则与具体的政治利益（尤其国家利益）结合起来，不仅是16世纪以来西方政治哲学的思考传统，……而且是孔孟之道、儒法合流等等治理天下的内在传统。”① 此说很成问题。因为，首先，它以二元思维将所谓的大政治（如正义、人权等）与小“政治”（如政府利益与权力）对立起来，也就是将“社会”与“政治”对立了起来。虽然他也谈到两者的结合，但所谓两者的结合就是基于两者对立的前提去谈的。实际上，两者不需要人们去硬生生地“结合”，只需要以公民权利和社会文明的前提去考量国家或政府的利益诉求即可。真要“结合”，两者也不是对等的“结合”，而是以前者为基础的、后者对前者的偏依性“结合”。正如前文所言，美国学者费斯和桑斯坦主张，国家、政府应该参与言论自由的构组，就是同样的意思。而一些国内学者对我国的传媒法制建设的错误思考主要表现在，以单维地定义新闻自由的内涵为基础，将对当前政府的诉求要么直接化（空洞呼吁）、要么隐匿化（回避重要的疑难问题），而不去思考使目前的诉求逼近法制基本要义的具体路径。再者，孔孟之道、儒法合流等等治理天下的传统，其实是“天子齐家”的传统，哪有“天下”之心和“天下”之公？天子只有自己的“政治正确”，没有社会的正义、公平，而传统士人只是为天子的这种观念谋划理论和路径而已。

这样的思维极容易走向施米特（Carl Schmitt）的政治法学。他的法学是极端的国家意志主义法学。他认为，主权不服从宪政状态，而是在关键时刻拯救宪政状态；主权依赖的不是宪法，而是高于宪法的决断。元首是主权者，是民族共同体的化身，表达了人民意志。施米特因此断言：“法律就是元首的计划和意志。”国家意志是种族意志，种族问题就是最大的“政治”问题。施米特的民主理论不是包容性而是排他性的，他认为民主“首先要求同质性，其次——如果必要的话——

① 强世功：《超越法学的视界》，北京大学出版社2006年版，第37－38页。

减少或根除异质的成分”。此种形态的“民主”实质已经带有极权主义的印迹。他因此为我们设下了一个循环论证的逻辑陷阱：一切公共事务都与民族相关，一切与民族相关的事务都是政治事务，一切政治事务都会遇到敌人，而敌人又只能在“战斗”中发现，于是，一个国家基本政治格局出现了——在不断的战斗中发现敌人。①

假设我们的法律也是如此服务于这种或其他某种“政治”（它常常被冠以“国家利益”），而不是服务于最“形而下”的“公众”或“社会”（当然，它必定与“形而上”的人权等理念牵连在一起），那么就真正地变成了“阶级斗争的工具”了。“因事成制”的路径就是要警惕这种有中国传统特色的法律践行方式。它要将“权利”放下云端，将冥思转为实践，使家、国之需靠上恒在的抽象理念，并与之形成交往互动，以“对话”的姿态生成鲜活的场域，并催生“适者生存”的法律。

3. “决断”与“民治”／“自治”

当代政治哲学家吉奥乔·阿甘本（Giorgio Agamben）有一个论断：“例外状态已然常规化。”例外状态始自战争，进而普及到各个领域，成为一种常规化的国家治理方式，立法机构将立法权让渡给了行政机构。② 许多突发事件的处理都交给了政府去决断，其中没有了法律的身影，因为这时需要政府快刀斩乱麻，也可能因为压根就没有可以适用的法律。但是，在法治社会里，即使是行政决断也要依据法律秩序和程序，不能落入施米特的形而上学决断。施米特认为，“同每个其他秩序一样，法律秩序依赖于决断而非秩序”。当国家面临着规范以外的状态时将如何应对？施米特提出一个屡遭批评的论断：法律“就是决断例外状态”。他的决断理论将秩序以外的“例外”常态化，并不在乎为何

① 施京吾：《请记住，他叫施米特——一个思想家的危险心灵》，载《随笔》2013 年第 6 期。

② 转引自刘颜玲《“例外状态”发展简史——兼论阿甘本例外状态的常规化进程》，载《湖南社会科学》2012 年第 3 期。

做出和怎样做出这一决断，也不关心决断的内容如何，决断本身成为一种根本性存在，决断与主权者意志相关。“把施米特推到极端，就是暴君或者暴民可以任意指定‘敌人’、捏造不存在的‘危险’、继而以‘决断’的名义实施暴政”。①

传媒法制的“因事成制”当然不需要这样的决断。我们的决断必须基于法治思维。大事临头，需要当政者或立法机构当机立断，在法律革新层面拿出切实的举措来，使法治理念上升到一个新的台阶。如果相关智能部门不作为或慢作为，就需要我们学者或者民间人士共同努力，提供理论支持，助推事件发展。举孙志刚事件来说，恰如学者所言，这一事件“是我们学者在推动违宪审查制度方面，取得的一个阶段性成果，在推进民主和法制的进程中，由于学者的呼吁，由于舆论的影响，政府很快作出反应是值得肯定的”。② 也就是说，此时，“民治的秩序”必然会发生作用，但是，只用这种秩序来解决眼前危机而不顾革新法制以防患于未然，显然于事无补。于是，“民治”要与“决断”相结合。③ 即，必须明白新生法制的基本内涵，采取恰当的革新法制的方法促生新法。既能学到法制新内涵又能探索其中学习方法的“决断”做法主要就是：法律移植。“因事成制”和“法律移植”是嵌套和被嵌套关系的两条法制革新路径。“因事成制”是一种思维取径，“法律移植”是落实这一取径的具体做法之一。西方学者认为，法律职业群体更喜欢模仿并接受来自外国法律秩序的规则和原则，而不喜欢对来自社会的外部刺激直接做出反应。如，他们更愿意从法律传统（包括别国的传统）中推导出解决方案，而憎恨无中生有的创造性方案。但是，新颖的法律话语应该重视外部现实的压力。这个压力表现为，特定时刻表达出来的

① 刘瑜：《观念的水位》，浙江大学出版社 2013 年版，第 34 页。

② 顾功耘：《由孙志刚案件引出的若干问题》，载《法学》2003 年第 7 期。

③ 秦前红：《宪政视野下的中国立法模式变迁——从“变革性立法”走向“自治性立法”》，载《中国法学》2005 年第 3 期。

求助外国法律规则的诉求。[1] 这位学者的前后表达是有矛盾的，模仿、接受外国法律与对外部刺激做出直接反应的关系不是相冲突的，而是密切关联的。恰如他在最后一句所写，对外部刺激作出反应的表现之一就是求助于外国法律规则。但是，不管怎样，这位学者的意思肯定是，在特殊时期，社会刺激法律变革与法律移植必将自然地嵌合在一起，不可偏废，即，“民治”与“决断”统一于刺激性事件提供的机遇中。比如，中国传媒法制传统也就源于具体事件刺激中民众言论所激发的晚清王室的“移植”性“决断”中。

“无论是从历史还是现实的角度看，法律移植都是社会和法制发展过程中不争的事实和一种法律发展的常态，在全球化已成席卷之势的当代，尤为如此。”[2] 一个国家的法律既有开放性，又有运作的封闭性。这种封闭性拒斥移植法律。如，那些同一个国家的伦理生活密切相关的法律，移植起来就相当困难。再如，如果本国法律实践过程中没有面对或遭遇疑难案件，则无论国外的法律制度多么成功、多么先进，都很难进入到这个法律系统中。[3] 但是，换而言之，如果这个法律系统遭到了外部事件的刺激，事件逼迫法律做出自我调整以适应信息变化要求，法律移植就显得顺风顺水。这种移植被西方学者称之为“有机性迁移”，以区别于可以简单照搬的“机械性迁移”。之所以被称为“有机性”，是因为，这时“法律与社会存在选择性关联”。[4] 面对这种“选择性关联”当机立断地进行“决断”就是“自治”基础上的有效变革。

---

① ［德］贡特尔·托依布纳：《法律刺激：英国法中的诚信条款或统一之法如何止于新的趋异》，马剑银译，载《清华法治论衡》第10辑，2008年。

② 王晨光：《法律移植与转型中国的法制发展》，载《比较法研究》2012年第3期。

③ 泮伟江：《从规范移植到体系建构——再论中国法律的本土化困境及其出路》，载《北京航空航天大学学报》（社会科学版）2011年第5期。

④ ［德］贡特尔·托依布纳：《法律刺激：英国法中的诚信条款或统一之法如何止于新的趋异》，马剑银译，载《清华法治论衡》第10辑，2008年。

4. “借事”与“造事”

就目前而言，传媒法制建设的“借事”行为已有，而“造事”未见。

借事的经验已经让我们明白，借事之时首先一定要仔细考量被借事件的成功机率和正面效果，如果事情不成功或事情结局的负面效应大于正面效应，哪怕再好的制度也会因之落入万劫不复的境地；其次要注意借事过程中的细部技巧和各环节的各种制约因素，不拘小节不能成大事。借事不妨多借疑难事件。疑难事件表现有二：一是适用法律难，已有的成文法中没有相应的明确规定，法律出现空白，此时方便造法；二是事情超出了常识和常规，以至于出现了不不堪收拾或有悖惯例和常理的局面，此时方便变法。

造事则更为复杂。按照现象学观点，进行本质还原的事物可以是经验之物，也可以是没有经验到的或想象的事物，所以，“因事成制”之事可以进行创造。社会学学者提出，社会的变迁除了沿袭“例行化行动”（吉登斯）和“惯习”（布迪厄［Pierre Bourdieu］）这一路径之外，同时也要“发现新的时空路径和组织方式，以非常规行动的方式满足个体的自主性欲求”，而且非常规行动能从一种个别行动走向普遍性行动，其在社会变迁的过程中扮演着重要的角色。① 造事的过程往往就是非常规行动的过程。造事表现为一种特定的预期状态，其主体要有强烈的自主性和创造性，追求明确而高标的诉求；也要有一定的知识水平、预测能力、筹划能力和驾驭周遭环境的能力。造事时除了要有前述借事功夫外，造事之前先得“造势”。这里所说的“势”，是指那些促成某件事成功的各种外部条件，即恰逢其时、恰在其地、智慧主体三者形成的某种大趋势。具体说来，这种“势”也就是由时、事、人等因素交互作用形成的一种可以助成“毕事功于一役”的合力。造势就是要将时、事、人三者凝练到一触即发的临界点。造势之后则要乘势而造事。

① 张兆曙：《非常规行动与社会变迁：一个社会学的新概念与新论题》，载《社会学研究》2008 年第 3 期。

所谓乘势而造事，也就是要在恰当的时机由恰当的人选将事情水到渠成地办成。当然，我们更应清楚，在诸多因素中，对时机的选择与把握是至关重要的，它可以说是我们“乘势”的灵魂。一如提倡“非常规行动”的学者所说：“非常规行动要避免时间安排与社会机会擦肩而过的状态，就要对时间进行重新‘分区’或对‘事项’及完成顺序进行重新安排，并在此过程中筹划出新的机遇，或者提高时间利用的效率。”①笔者认为，我国当前存在许多有利于传媒法制建设的时机和机会，只是欠缺“因势造事”的果断行动。

“造事”的智慧表现早在我国的先秦时期就有了。这就是“徙木立信”的故事。商鞅“徙木立信”一事，出自《史记·商君列传》。商鞅是先秦时期著名的法家代表人物，然而，他的变法却触犯了秦国旧贵族的利益。商鞅在开始变法之前，怕百姓不信新法，于是采用了“徙木立信”的小策略：“令既具，未布，恐民之不信。已乃立三丈之木于国都市南门，募民有能徙置北门者予十金。民怪之，莫敢徙。复曰：‘能徙者予五十金。’有一人徙之，辄予五十金，以明不欺。卒下令。”它虽然不是以所造具体之事诱发具体之法，而是为了树立法律的权威，可是其法律智慧足以证明立法者的创造性劳动的价值。只是，此类“造事”立法的美谈此后少有见诸史料的了。

“借事”“造事”的成功标志之一是有关的“词媒体”诞生。“词媒体”概念由全球最大中文知识媒体——互动百科创建。它是一种以词为核心传播信息的全新媒体形态。它利用“词”具有的对特定时间、地点、人物、事件进行超浓缩的特性以及利于口口相传的优势，最大限度地加快媒体信息的传播和记忆速度。其特点是：事件词语化、信息浓缩化。一个词就是一个包蕴性对象，对于事件的来龙去脉，一提到这个词便使人联想或回忆起来。一个事件要促使法制革新成功，必须先要成

① 张兆曙：《非常规行动与社会变迁：一个社会学的新概念与新论题》，载《社会学研究》2008 年第 3 期。

为人们耳熟能详、口口相传的一个词，即成为一个词媒体。这就需要传统媒体和新媒体的联动传播。成熟的词媒体必将社会生活深深地打印于人们的脑海之中。

不管是“借事”还是“造事”，这个“事”必须具有可重复性。所谓可重复性并不指它会再一次发生，而是指旁人、后人对它的可理解性。这里的可理解性是指别人“通过理解支配该社会行动的观念（动机），把自己想象为当时的行动者（参与者），根据观念如何支配动机以及社会行动如何反作用于观念，设身处地想象整个事件的过程”。①简单地说就是，这样的事件具有一定的可通约性。

（二）“因事成制”模式运行的初步设计

1. 对“政策科学”的吸纳与批评

1954 年，张佛泉先生在其名著《自由与人权》中通过研究发现：有独特文化的民族学习、仿效人权制度，或在一定政治范围里实施民主制度，需要在法制以外至少有精神和社会的支持和道德与社会制度的预先或同时的改造，以作适度的配合。但是，这种近乎技术性的学习如何开始并进行？他找到了“政策科学”。他所认识的政策科学，就是针对重大问题，动员一切可能得到的有关科学智慧，配合行政人员的实际经验，根据实况与材料，首先澄清问题的主要目的，然后再确定解决方案。所拟方案在实施之前，要在许可的范围内先作一番试验；在付诸实施后，要根据实际情况随时做出修改。② 笔者认为，论者在 60 年前就提出这一观点，具有深刻的理论前瞻性。不过，对此，我们仍然要有一分为二的态度，不能过于绝对化，不能过于粘着于这种方法。

---

① 金观涛、刘青峰：《观念史研究：中国现代重要政治术语的形成》，法律出版社 2009 年版，第 439 页。

② 张佛泉：《自由与权利：宪政的中国言说》，清华大学出版社 2010 年版，第 630－631 页。

政策科学也称政策分析，指的是一种对政策的调研、制订、分析、筛选、实施和评价的全过程进行研究的方法。政策分析的核心问题是对备选政策的效果、本质及其产生原因进行分析。它是在运筹学和系统分析的基础上发展起来的。即，在运筹学和系统分析的定量分析基础上，侧重于对问题的性质进行分析，从而发现新的政策方案和解决途径。系统分析要求对备选方案结果进行预测，要求系统变量和系统模型有清晰的定量的表示，要求做到“三个一致”：局部决策与总体决策目标一致，技术、经济分析标准一致，逻辑推理过程前后一致。

诚如张佛泉先生的总结，政策分析的基本步骤是：1. 收集信息，确定应考虑的因素及其中无法控制、纯由环境决定的因素；2. 用经济学和社会学的理论和数据来分析要素间的关系；3. 建立目标体系和评价指标体系；4. 建立模型，常用的政策模型有：理性模型、经济合理模型、启发式模型、程序决策模型、超理性模型、突变模型等；5. 对不同的政策方案进行试验；6. 对试验方案择优而从，并进行修改。政策科学的科学主义实证分析精神彰显了美国政治研究的特点和优长，“因事成制”模式不妨充分学习并吸收它。

但是，政策分析针对风险社会而言还是一种“关门立法”行为。其“关门立法”在于：1. 实际操作过程是各种有利害关系的组织、团体、个人与制定者之间的相互沟通和妥协的过程，“事在人为”的因素超出了严密的推理要求，政策制定很难达到上述的“三个一致”。质而言之，政策制订者的道德素质不一定能完全满足制度本身的伦理诉求；2. 政策分析方法本身的自足性和封闭性难以保证新立制度在应对突生变故时的实效性。这其中就包括，专家的科学素养不一定跟得上形势的发展。有论者说，如果风险立法中以政策分析为主，即，一般以专家通过科学方法计算所得出的标准值为依据确定某种风险的可接受程度，然后通过立法的形式使某种管理行为具有法律效力，那么，科学和科学方法本身的局限极有可能对这种专家立法构成挑战和危机。专家立法追求世界秩序的普遍性、逻辑性、可计算性、可预测性和确定性。然而，专家知识本身的缺陷使得这些形式理性实质上变成了造成风险的原因之一。专家立法将风险的发生化约为测量、计算、概率，通过一套风险管理的制度来应对。可是，无论计算出来的数据多么微小，却总是有“万一”的可能。然而，这种“万一”一旦发生，其结局将是毁灭性的。① 因此，风险规制依赖于以政策分析为基础的立法无疑是一场赌博，是赌博就要对之警惕，哪怕这场赌博的胜率达到99%。总之，没人能保证这种科学主义的管理模式的真正科学性。而且，应对带来即刻危险的风险事件，我们也不能用这种“慢工出细活”的分析方法去处理。更本质地，正如本书第二章所言，对我们来说，这样的定量研究方法远没有定性方法来得重要。在我们国家，许多应对之策不需要我们用烦琐的科学方法去发明创造，而只需要去借鉴人家的先进经验便可。那些被别国历史反复检验过的法律精神和法律原则只要不与我国的政治、法律发生震荡式冲撞，就应该勇敢地“拿来”，不能以文化传统为口实将其一棍子赶出去，也不要总是担心政治上的“机体排异”效果。在全球化时代，总有全球化的基本内涵。应对这些内涵层面的东西，我们大可果敢行事。只有那些真正有文化、政治重大冲突嫌疑的制度，我们才需要以政策分析的方法谨慎从事（当然，这也不是由某个人或某些人说了算，而是要通过正当的议决程序来确定）。

美国重视政策分析，英国亦如是。英国的政策分析有两个特点：1. 重视伦理诉求，2. 强调讨论与协商。自20世纪70年代以来，英国人民对政府官僚体系和专长的普遍怀疑开始增长，由行政机关制定的风险规制标准普遍为公众所不信任。有英国学者认为，增加公众信任的方法有很多，不论风险评估如何，强调道德伦理以及预防原则，是可在某种程

① 李燕：《风险社会中现代行政法所面临的规制危机及应对》，http://www.chinalawedu.com/new/16900_172/2009_7_8_wa9947233001879 0024290.shtml（访问时间：2014年6月7日）。

度上排除恣意裁量的有效方法；标准制定与其说是逻辑推断过程，不如说是制度设计中的实用主义的权衡过程。如，英国皇家环境污染委员会在它的第21份报告中，指出标准制定是一个“实践判断”的过程，它是由“一个努力探求满足多种约束和立场的审议过程”所达成的。① 质言之，它强调的也是民间的反复商讨、判断的作用。这个商讨与判断过程是带着强烈的问题意识、基于道德伦理的反复“证伪”的过程，而不是只以数据说话的定量研究过程。一般而言，定量研究是民众意见参与不了、只由“专家”专断的过程，但这一过程的展开，除了需要依赖“科学”方法外，还需要专家的人文伦理、远见卓识作保证。如果违背常识、违背人伦，数据将导向“平庸之恶”。在中国法学研究中，实证研究向来是弱项②，但是，并不是弱者一定就要得到“补强”。中国法制建设的当务之急是以世界的眼光、开放的心态，通过恰切的途径保障权利、平衡利益，而不是以“屑小”的数据去证明早已被证实的理论或理念。

2. “因事成制”的路径模型：物境－联想－联动－再情境化

“因事成制”作为一种法制建设路径或方法论模型，包含了如下四个前后相继的步骤：物境－联想－联动－再情境化。

“物境”一词用来说明中国传媒法制建设所因应的问题。③ 前文说到，一些学者和业界人士都对我国的《新闻/传媒法》出台深表关心，因为在他们心目中，新闻界的一切无序现象皆可归因于《新闻/传媒法》的缺位，换句话说，一旦有了《新闻/传媒法》，所有的不良现象将随之荡涤干净。这么思考虽然片面——如，将《新闻/传媒法》等同

---

① ［英］Elizabeth Fisher：《风险规制中的标准制定和对责任公共行政的探求》，载《牛津法学研究杂志》2000年第3期。转引自李燕《风险社会中现代行政法所面临的规制危机及应对》。

② 我国的法学实证研究也取得了不俗的成绩，代表性成果是白建军的《法律实证研究方法》（北京大学出版社2008年版），有兴趣者可以参看。

③ 王人博等：《中国近代宪政史上的关键词》，法律出版社2009年版，第62页。

于传媒法制，将传媒法制等同于传媒法治，但是，它至少说明现实中的确存在诸多需要法制来解决的问题。郑保卫先生将虚假报道、有偿新闻(包括有偿不闻)、新闻侵权、低俗之风以及不良广告称为新闻界“五大公害”。在新世纪，此类现象可谓层出不穷。如2003新华社山西分社记者“有偿不闻”事件、2008年的新闻封口费事件、前几年多名记者被逮捕事件，2014年6月18日，国家新闻出版广电总局又公布了近期查办的八大新闻敲诈典型案件，另外，调查记者和公民记者的权利、地位问题也引发了诸多讨论。这些“物境”性问题是强有力的刺激因素，并由问题刺激转变为更为具体的事件刺激。它刺激固化的法律意识和法律情感，更刺激法律的“约束性安排”。它是一种外部的喧扰，这种喧扰使得已有制度安排产生剧烈的混乱，以至于不得不进行内部重构。①

“联想”可以表述为：问题压力下的中国反应方式。按人之常理，除非你回避问题，否则碰到问题，就要解决问题。要解决问题，就必须想明白你需要得到一个什么样的结果，用什么方式得到这个结果。这个方式可能是别人的先进经验，也可能是自己的个性化处理方法。如果涉及纠纷，还可能是“事已至此，你们双方看着办吧”的自然和解方式。对于问题解决者来说，这些解决方式分别是外来的、内在的和自生自发的方式。中国传媒法制建设迫切需要解决现实问题，那么，以什么方式建设起来的传媒法制才能很好地解决中国问题呢？为此，法制建设者们必须上下求索、左右思考。这就是“联想”。笔者认为，我国传媒法制建设是内外方式兼修，同时还有自生自发方式的三结合的路径。对外方式即法律移植的“联想”，对内方式即传统资源的“联想”，自生自发方式即事件自动平复的“联想”，此中，具体事件是刺激“联想”的触媒。前两种“联想”的展开，需要依凭记忆的功能。只有丰富的知识记忆，才有思想的发酵；只有传统和民族的记忆，才可能唤起自尊和自

① ［德］贡特尔·托依布纳：《法律刺激：英国法中的诚信条款或统一之法如何止于新的趋异》，马剑银译，载《清华法治论衡》第10辑，2008年。

信。记忆是联想转化为创造力的途径。① 正因为此，人们在面对别人的优长时，总说他的老祖宗早已如何，是有其道理的。也正因为如此，本书不惮其烦地梳理了我国传媒法制的过往经历和优良传统。

若需充分发挥“联想”的作用，还需要一番“联动”之功。联动是指多方力量共襄一举的行为，常常表现为传媒与传媒的联动、传媒与民意的联动、民意与政府的联动，其核心是新闻传媒。如，在孙志刚事件的整个过程中，就很好地体现了这三种互动。传媒要动员民意，民意要推动法治进程，官方要顺应民意。传媒对孙志刚事件的报道，带动了民意，产生了驱动，驱动之下形成了政府与民意的良性互动。具体而言，首先，这种良性互动得益于《南方都市报》设置的一个议题，倘若没有两位记者将此事披露出来，那么“孙志刚”这三个字是断然不会被人们所知晓的。其次，由于众多媒体在其中起到了良好的中介与推进作用，民意和舆论被激发起来，主题被突现出来。试想，《南方都市报》将此事披露了出来后，如果没有中央电视台、《中国青年报》、新浪网、人民网、新华网的交互作用，这个事件中的主人公只能是每年都会冤死的众多默默无闻的亡魂中的一个。正是由于中央、地方媒体的突出报道，引起了公众、网民、学界，甚至海外媒体的广泛关注，由此形成了一股合力。在这股合力中，三位青年学者利用多种途径助推事件前进，将纷纷攘攘的民意向公平、正义之维集结，起到了一个很好的聚焦作用，最后促使政府与民意达成共识，以一个人的死促成了一部法的生，使该事件在中国法治进程中具有标志性意义。事后，《法制日报》在纪念孙志刚事件时，围绕“依宪治国”总结了该案多个方面的意义，比如有：1. 宪政理念的推行和实践需要传媒和法律界的通力合作，学者和律师可运用专业资源，传媒和记者则可以调动社会力量。2. 以该案为代表、反映时代发展和社会进步的典型个案，蕴藏着巨大的创新机

① 王人博等：《中国近代宪政史上的关键词》，法律出版社 2009 年版，第 64 页。

会，是推动宪政的契机。①

事件刺激不仅刺激与本土有关的法律话语本身，而且还刺激与法律具有紧密关系的社会系统与社会话语。它不只是让法律适应新的变化情境，而是要释放进化的动能，这个进化包括：法律规则本身的重构和外部情境的调适性变化，亦即有一个双重"再情境化"的过程。即使有刻不容缓的事件刺激，我们也不要将法律移植想得过于简单。新闻法律制度与我们国家的政治文化之间的联系如此紧密，以至于我们的政治系统不发生深刻的变化，法律就无法有根本性的改变。职是之故，笔者不主张一部在"新闻自由"上一步到位的《新闻/传媒法》，而主张传媒法制建设流水线上的工序性改进。比如，在遵守"党管媒体"的基本前提之下，我们如何重构新闻媒体创办主体的多样性？如何使政府权力和公民权利、消费者权利之间大致平衡？此中就不仅仅是制度上的文字表述问题，而是一个制度"再情境化"的过程。制度的"刺激性安排"不同于制度的"约束性安排"，它更需要法律与社会的协同性创造，需要建立统一的法律-社会结构，这样才能体现两者之间存在的紧密的结构性耦合关系。大凡"刺激性安排"都会带来其他社会系统的混乱，这就需要各社会子系统进行协同演化，而不是坐视矛盾的存在不管不问。社会的调适性演进既表现为有形的物质形态，也表现为无形的话语形态。比如，此时行政权力的干预就有了施展身手的舞台，法治舆论救济也显得十分必要。

总括地说，中国的物境使中国的制度革新者对西方和中国传统的成功经验产生了丰富的联想（不管这种联想是否为真），成功经验中的关键词成了解决中国问题的可替代性方案，然后以多方联动的方式推动该方案的落实，即推动问题的解决，并在具体问题的解决过程中使法律与社会实现结构性耦合。

---

① 张志安、甘晨：《作为社会史与新闻史双重叙事者的阐释社群——中国新闻界对孙志刚事件的集体记忆研究》，载《新闻与传播研究》2014年第2期。

结　语

作为国家治理能力现代化表征的一条特殊路径

"因事成制"是一条有效的路径，也是一条成本较高的路径。一些中观和微观的法制建设——如传媒经营层面的制度——不必走这般费周折的道路，只有面对过于敏感、现实掣肘太多的法域或法概念——如新闻法、信息公开制度，如新闻自由、公众人物等——才需要如此为之。只有沿着"因事成制"路径，宏观的传媒法制才能得以顺利建设成为既"好看"又"有用"的多个文本。

"因事成制"离不开实用主义立场和方法。实用主义对"事实"很感兴趣，并因此期望很好地了解不同活动进程如何操作、特征如何以及可能有什么结果；实用主义强调，所有的思想都是社会的，其目的都是为了目前或未来的行动；实用主义作为一种处理问题的进路，它是实践的和工具性的，而不是本质主义的（如我国以"急用先立"原则制定的广电法规就是实用主义的）；它感兴趣的是，什么东西有效和有用，而不是这"究竟"是什么东西，实用主义法学家们拒绝承认：法律是一些永恒原则并以逻辑操作予以实现的东西。① 任何法律，可以说都是回应社会问题的。但是，通过"因事成制"路径而产生的法律所不同的是，它面对的不是某一类现象或问题，而是更具体的一件事，最好是一件轰轰烈烈的，或痛彻骨髓或乐至神经末梢的大事。对这样的事件的

① 侯猛：《中国法律社会学的知识建构和学术转型》，载《云南大学学报》（法学版）2004 年第 3 期。

找寻、利用或引发，绝非一般人之所能为，它需要上层人物的“顶层设计”。所以，它的实用主义色彩更浓，关涉国家治理能力。

“因事成制”的结果只是为有思想准备的人而准备着的。所谓有思想准备，包括“对一切保持怀疑的态度”。“怀疑主义”建基于质疑与批判之上，怀疑主义不承认有普遍的、先在的真理，反而认为，知识的适用程度是有限的。具体而言，怀疑主义法学观并不去怀疑形而上意义的真理，而是怀疑常识意义上的普遍原则。它认为：知识和真理是与具体的参照系紧密相联系的。在认同经验与事实这一点上，怀疑主义最后与实用主义殊途同归。

“因事成制”既要“情怀小样”，又须“综迹大纲”。法律虽然针对具体事件而兴，但是应该同时见树木也见森林，这就要求立法者胸中有“境界”。套用近代词学家王国维的话说，“有境界则自成高格”。当然，此时的“境界”另有新意存焉，意指事物中包含的一般性原理，代表着文明和进步的法律价值观。奥地利的埃利希（Eugen Ehrlich）在《法律社会学基本原理》一书里将法律事实分为一般的法律事实和特殊的法律事实两类，前者是正常的社会秩序，后者是对这种秩序的破坏的行为。要研究第二种法律事实，必须进一步研究第一种法律事实，即社会秩序，只有对它有一个深刻全面的认识，他们才能找到衡量疑难案件的一个标准，即要把具体的案件放到社会大背景中去才有普适性价值。① 相类似的，基于阐释学背景，拉伦茨（Karl Larenz）重视“先前理解”对于法律解释的重要意义，进而将这种理解分为“法律内的法的续造”和“超越法律的法的续造”两类。前者依照法律文本作解释，而后者“或来自法律生活中不可反驳的需求，或源于规范实用性的要求，或基于事物的本质及（作为整体法秩序基础的）法伦理上的要求”②。“这种法的续造当然不能抵触法秩序的一般原则及宪法的‘价

① 严存生：《再论法在事中》，载《法律科学（西北政法大学学报）》2014 年第 5 期。

② ［德］拉伦茨：《法学方法论》，陈爱娥译，商务印书馆 2003 年版，第 298 页。

值秩序'，事实上，唯其与之一致，其始能被正当化。因此，此种法的续造虽然在'法律之外'（超越法律的规整），但仍在'法秩序之内'（其仍须坚守由整体法秩序及其根本的法律原则所划定的界限）。"① 只有依赖有这等心胸和识见的立法性解释，我们才有可能突破“因事”而成的法制的地方性局限和观念性局限，同时佐之以“深度描写”的武器，显微研究，依此类推，以小见大，从而赋予地方性知识以同质性。这样才能不坠入施米特的决断论法学的泥淖之中，也才不会导致法制建设的短视行为。

“因事成制”与“应急法制”的制订有联系更有区别。应急法制具有如下特征：内容和对象上的综合性、适用上的临时性和预备性、实施过程上很强的行政紧急性、调整方法上的系统性。② “因事成制”的过程和结果也基本上具备这些特征。但是，它们的区别也很明显。应急法制面对的事件都是负面事件，如地震、公共卫生事件、自然灾害、重大事故等，而“因事成制”中的“事”有负面的也有正面的；应急法制中的各方法律关系主体在权利义务配置上是不均衡的，主要表现为政府权力的优先性和公民权利的受限性，③ 而“因事成制”的法律特别重视保护公民的人身基本权利；应急法制特别注重对当前严重状况的处置，而“因事成制”更加注重长远利益和法治精神。这也正是此一路径可以上升到国家治理能力现代化的高度，并且成其为表征的原因。

“因事成制”似乎也与美国汉学家费正清（John King Fairbank）研究中国近代化进程时提出的“冲击－回应”模式相类似，特别当回想晚清报律在内外交困的时局中诞生和2008年奥运会催生《外国常驻新闻机构和外国记者采访条例》的情景时，人们也许可以说，“因事成制”过程就是面对西方冲击时的一个回应过程。这么说并无大错，但

① ［德］拉伦茨：《法学方法论》，陈爱娥译，商务印书馆2003年版，第286－287页。

② 马怀德主编：《应急管理法治化研究》，法律出版社2010年版，第5－6、338页。

③ 马怀德主编：《应急管理法治化研究》，法律出版社2010年版，第339页。

是，"因事成制"的外延远远大于"冲击－回应"模式，其"事"与其说是西方之事，不如说是包括了"西事"在内的广泛之事，而且，它更加强调的是"迫在眉睫"的国内时事。从根本上说，"因事成制"模式是一种哈耶克所言的自生自发秩序。

最后，笔者不妨开列暂时想到的"因事成制"的几个优点和实施策略，一者以总结上文，二者以为后续研究打基础：第一，在发生学意义上，冲突构成法律规范生成的推动力，近年来中国社会冲突接二连三发生，"因事成制"抓住了关系国计民生的冲突事件，思考如何通过传媒法制变革来建立良好的社会秩序，并且起到很好的示范作用；第二，"因事成制"既是一场法律革新，又能避免法律"一步到位"所带来的秩序震荡，它是"渐进变革"与"休克疗法"的有机统一；第三，加强对已往的新闻经典诉讼的研究，从司法和行政的博弈中学习传媒立法的技巧，"通过实际情况，而不是像形式主义思维方式那样以脱离实际情况的抽象概念，来说明法律的观点"①；第四，主政者既紧紧抓住传媒法制变革中人们追逐权利、利益的痛处和痒处，又紧紧依靠行政权力的强制作用、学者的理论生产力乃至个人的智慧推动传媒法制建设，体现良好的治国理政能力；第五，在"因事成制"的过程中，既充分考虑法律移植的价值、策略和方法，又充分汲取地方性知识的营养，将一般与特殊紧密结合起来，迈向法治社会。

季卫东说过："对于制度变迁而言，最重要的还不是选择理想的目标，而是选择达到目标的适当手段。只有当人们选择了正确的手段，才有可能实现正确的目标。""关于推行现代法治的一些基本原理，我想大家都耳熟能详，怎样在中国的实际条件下具体落实，需要琢磨操作技

---

① 黄宗智：《经验与理论：中国社会、经济与法律的实践历史研究》，中国人民大学出版社2007年版，第406页。

艺。"① 笔者希望本书做的就是这样的工作。至于思考得是否是大对而小错、是周密还是粗疏，只好期待读者评判和实践检验了。而且笔者知道，本书所提出的中国传媒法制变革道路只是阶段性应对之策。要想建设良法已属不易，接着，还要解决“商鞅难题”，也就是还要找到“使法必行之法”，即，找到让法律一定得以贯彻实行的办法。执法与立法一样，都必须依赖政治制度的顶层设计。梁启超说：“《商君书·画策篇》云：国之乱也，非其乱法也，非法无用也。国皆有法，而无使法必行之法。何其一似为今日言之也，数年来新颁之法令，亦既如牛毛矣。其法之良否勿论，要之诸法皆有，惟使法必行之法则无之。夫法而可以不必行，是亦等于无法而已。是法治之根本已拔，而枝叶更安丽也。中国而长此不变，则法愈多愈速其乱而已，然则使法必行之法维何？则君民共守之宪法是已，而举其实必赖国会。”② 梁氏的结论：解决“商鞅难题”一靠宪法，二赖国会，可备一说。但是直到今天，要想很好地做到“使法必行”，于这两方面仍然存有很大的拓进空间。本书主要考虑的是传媒法制建设的现代化问题，至于执法层面的治理能力，书中虽然已有相关前设理念，但是具体论述未及展开，不过，这方面的研究文献似乎并不在少数，可以补本书之缺。

---

① 季卫东：《我对法治中国的具体设计》，http：//news.ifeng.com/a/20150606/43921783_0.shtml（访问时间：2018 年 2 月 12 日）。

② 梁启超：《岁晚读书录》，见《梁启超全集》第 2 卷，北京出版社 1999 年版，第 402 页。

参考文献

一、中文著作

［1］陈瑞华：《论法学研究方法》，北京大学出版社2009年版。

［2］陈云生：《宪法监督司法化》，北京大学出版社2004年版。

［3］邓正来：《中国法学向何处去——建构“中国法律理想图景”时代的论纲》，商务印书馆2006年版。

［4］邓正来：《谁之全球化？何种法哲学？——开放性全球化观与中国法律哲学建构论纲》，商务印书馆2009年版。

［5］邓正来：《规则·秩序·无知：关于哈耶克自由主义的研究》，生活·读书·新知三联书店2004年版。

［6］方汉奇主编：《中国新闻事业通史》（第1、2卷），中国人民大学出版社1992年版。

［7］公丕祥：《法制现代化的理论逻辑》，中国政法大学出版社1999年版。

［8］顾培东：《社会冲突与诉讼机制》（修订版），法律出版社，2004年版。

［9］顾培东：《我的法治观》，法律出版社2013年版。

［10］黄克武：《自由的所以然——严复对约翰·弥尔自由主义思想的认识与批判》，上海书店出版社2000年版。

[11] 黄宗智:《经验与理论:中国社会、经济与法律的实践历史研究》,中国人民大学出版社 2007 年版。

[12] 侯健:《表达自由的法理》,上海三联书店 2008 年版。

[13] 季卫东:《宪政新论——全球化时代的法与社会变迁》,北京大学出版社 2002 年版。

[14] 季卫东:《法治秩序的建构》,中国政法大学出版社 1999 年版。

[15] 季卫东:《法治构图》,法律出版社 2012 年版。

[16] 季卫东:《正义思考的轨迹》,法律出版社 2007 年版。

[17] 蒋立山:《法律现代化——中国法治道路问题研究》,中国法制出版社 2006 年版。

[18] 梁伟贤、陈文敏主编:《传播法新论》,香港商务印书馆有限公司 1995 年版。

[19] 梁治平:《法律的文化解释》,生活·读书·新知三联书店 1994 年版。

[20] 林来梵:《从宪法规范到规范宪法——规范宪法学的一种前言》,法律出版社 2001 年版。

[21] 林少珺:《知情权的法律保障》,复旦大学出版社 2010 年版。

[22] 林毓生:《中国传统的创造性转化》(增订版),生活·读书·新知三联书店 2011 年版。

[23] 林子仪:《言论自由与新闻自由》,月旦出版公司 1993 年版。

[24] 凌斌:《法治的中国道路》,北京大学出版社 2013 年版。

[25] 刘仲敬:《民国纪事本末:1911－1949》,广西师范大学出版社 2013 年版。

[26] 刘星:《一种历史的实践——近现代中西法概念理论比较研究》,法律出版社 2007 年。

[27] 刘星:《法学知识如何实践》,北京大学出版社 2011 年版。

[28] 罗豪才等：《行政法平衡理论讲演录》，北京大学出版社 2011 年版。

[29] 马怀德主编：《应急管理法治化研究》，法律出版社 2010 年版。

[30] 马凌：《共和与自由：美国近代新闻史研究》，复旦大学出版社 2007 年版。

[31] 钱蔚：《政治、市场与电视制度——中国电视制度变迁研究》，河南人民出版社 2002 年版。

[32] 强世功：《立法者的法理学》，生活·读书·新知三联书店 2007 年版。

[33] 强世功：《法制与治理——国家转型中的法律》，中国政法大学出版社 2003 年版。

[34] 强世功：《超越法学的视界》，北京大学出版社 2006 年版。

[35] 秦晖：《共同的底线》，江苏文艺出版社 2013 年版。

[36] 桑本谦：《理论法学的迷雾——以轰动案例为素材》，法律出版社 2008 年版。

[37] 苏力：《法治及其本土资源》，中国政法大学出版社 1996 年版。

[38] 孙立平：《断裂——20 世纪 90 年代以来的中国社会》，社会科学文献出版社 2003 年版。

[39] 孙旭培：《自由与法框架下的新闻改革》，华中科技大学出版社 2010 年。

[40] 王希：《原则与妥协：美国宪法的精神与实践》，北京大学出版社 2000 年版。

[41] 王禹：《中国宪法司法化：案例评析》，北京大学出版社 2005 年。

[42] 魏永征：《新闻法新论》，中国海关出版社 2002 年版。

[43] 吴飞：《平衡与妥协——西方传媒法研究》，中国传媒大学出版社 2006 年版。

[44] 夏勇：《人权概念起源——权利的历史哲学》（修订版），中国政法大学出版社 2001 年版。

[45] 夏勇：《宪政建设——政权与人民》，社会科学文献出版社 2004 年版。

[46] 许崇德主编：《宪法与民主政治》，中国检察出版社 1994 年版。

[47] 许纪霖、宋宏编：《现代中国思想的核心观念》，上海人民出版社 2011 年版。

[48] 殷海光：《中国文化的展望》，上海三联书店 2009 年版。

[49] 殷莉：《清末民初新闻出版立法研究》，新华出版社 2007 年版。

[50] 张佛泉：《自由与权利：宪政的中国言说》，清华大学出版社 2010 年版。

[51] 张灏：《幽暗意识与民主传统》，新星出版社 2010 年版。

[52] 张文显：《二十世纪西方法哲学思潮研究》，法律出版社 1996 年版。

[53] 张友渔：《张友渔文选》（上、下），法律出版社 1997 年版。

[54] 张之华主编：《中国新闻事业史文选》，中国人民大学出版社 1999 年版。

[55] 郑瑞成等：《解构广电媒体：建构广电新秩序》，台北澄社 1993 年版。

二、中文论文

[1] 泮伟江：《从规范移植到体系建构——再论中国法律的本土化困境及其出路》，载《北京航空航天大学学报》（社会科学版）2011 年

第 5 期。

［2］董长春：《论法律价值》，载《南京社会科学》1995 年第 8 期。

［3］方舒：《风险治理视角下社会工作对突发公共事件的介入》，载《学习与实践》2014 年第 4 期。

［4］胡伟希：《理性与乌托邦——二十世纪中国的自由主义思潮》，见高瑞泉主编《中国近代社会思潮》，华东师范大学出版社 1996 年版。

［5］蒋余浩：《民主国家言论自由的问题：一个读书札记》，载《中外法学》2006 年第 3 期。

［6］赖祥蔚：《新闻自由的临摹与反思》，载《新闻学研究》（台北）总第 87 期。

［7］李茂政：《“新闻自由”之意涵及媒体应有的社会角色》，载《中国传媒报告》2004 年第 1 期。

［8］李斯颐：《清末报律再探》，载《新闻与传播研究》1995 年第 1 期。

［9］刘星：《法学“科学主义”的困境——法学知识如何成为法律实践的组成部分》，载《法学研究》2004 年第 3 期。

［10］罗豪才、甘雯：《行政法的“平衡”及“平衡论”范畴》，载《中国法学》1996 年第 4 期。

［11］罗豪才、沈岿：《平衡论：对现代行政法的一种本质思考——再谈现代行政法的理论基础》，载《中外法学》1996 年第 4 期。

［12］罗万里：《新闻自治的立法思考——从新闻规范的角度》，载《行政与法》2005 年第 4 期。

［13］唐润华、李秀萍：《胡绩伟提出新闻自由新定义》，载《新闻记者》1988 年第 5 期。

［14］宋小卫、郭镇之：《受众权益论纲》，载《现代传播》1991 年第 4 期。

［15］宋小卫：《在法条之间徘徊——传播法识读随笔》，载《国际

新闻界》2010 年第 10 期。

［16］舒国滢：《寻访法学的问题立场》，载《法学研究》2005 年第 3 期。

［17］孙立平：《实践社会学与市场转型过程分析》，载《中国社会科学》2002 年第 5 期。

［18］王晨光：《非典突发事件冲击下的法治》，载《清华大学学报》（哲学社会科学版）2003 年第 4 期。

［19］吴元元：《信息能力与压力型立法》，载《中国社会科学》2010 年第 1 期。

［20］姚经华：《浅论中国新闻法的原则》，载《中南政法学院学报》1988 年第 4 期。

［21］夏锦文，董长春：《现代化进程中的法律秩序》，载《江苏社会科学》1998 年第 5 期。

［22］夏勇：《近代西方新闻法制革命考——关于提出和确立自由的若干问题》，载《世界历史》1988 年第 5 期。

［23］张成福、谢一帆：《风险社会及其有效治理的战略》，载《中国人民大学学报》2009 年第 5 期。

［24］张兆曙：《非常规行动与社会变迁：一个社会学的新概念与新论题》，载《社会学研究》2008 年第 3 期。

［25］左亦鲁：《告别“街头发言者”：美国网络言论自由二十年》，载《中外法学》2015 年第 2 期。

三、中文译著

［1］［英］阿克顿：《自由史论》，胡传胜等译，译林出版社 2001 年版。

［2］［英］阿克顿：《自由与权力》，侯健、范亚峰译，商务印书馆 2001 年版。

[3] [英] 埃德蒙·柏克:《自由与传统》,蒋庆等译,商务印书馆 2001 年版。

[4] [美] 安东尼·刘易斯:《言论的边界》,徐爽译,法律出版社 2010 年版。

[5] [美] 本杰明·史华兹:《寻求富强:严复与西方》,叶凤美译,江苏人民出版社 1996 年版。

[6] [美] 博登海默:《法理学:法律哲学与法律方法》,邓正来译,中国政法大学出版社 2004 年版。

[7] [意] 布鲁诺·莱奥尼:《自由与法律》,秋风译,湖南教育出版社 2008 年版。

[8] [加] D. 简·克兰迪宁、F. 迈克尔·康纳利:《叙事探究:质的研究中的经验和故事》,张园译,北京大学出版社 2008 年版。

[9] [英] 哈特:《法律、自由与道德》,支振锋译,法律出版社 2006 年版。

[10] [英] 哈耶克:《法律、立法与自由》(第 1 卷),邓正来等译,中国大百科全书出版社 2000 年版。

[11] [美] 汉娜·阿伦特:《过去与未来之间》,王寅立、张立立译,译林出版社 2011 年版。

[12] [德] 胡塞尔:《纯粹现象学通论》,李幼蒸译,商务印书馆 1995 年版。

[13] [美] 纪念美国宪法颁布 200 周年委员会编:《美国公民与宪法》,劳娃、许旭译,清华大学出版社 2006 年版。

[14] [美] 凯斯·R. 桑斯坦:《偏颇的宪法》,宋华琳、毕竟悦译,北京大学出版社 2005 年版。

[15] [美] 凯斯·桑斯坦:《网络共和国:网络社会中的民主问题》,黄维明译,上海人民出版社 2003 年版。

[16] [美] 克利福德·吉尔兹:《地方性知识》,王海龙等译,中

央编译出版社 2004 年版。

[17] [法] 卢梭:《社会契约论》,何兆武译,商务印书馆 2003 年版。

[18] [英] 洛克: 《政府论》,叶启芳等译,商务印书馆 2013 年版。

[19] [美] 罗纳德·德沃金:《自由的法——对美国宪法的道德解读》,刘丽君译,上海人民出版社 2001 年版。

[20] [美] 诺内特、塞尔兹尼克:《转变中的法律与社会:迈向回应型法》,季卫东、张志铭译,中国政法大学出版社 2004 年版。

[21] [英] 马丁·洛克林:《公法与政治理论》,郑戈译,商务印书馆,2002 年。

[22] [法] 孟德斯鸠《论法的精神》(下),许明龙译,商务印书馆 2013 年版。

[23] [英] 密尔:《论自由》,程崇华等译,商务印书馆,1959 年。

[24] [英] 弥尔顿: 《论出版自由》,吴之椿译,商务印书馆,1958 年。

[25] [美] 欧文·M. 费斯:《言论自由的反讽》,刘擎、殷莹译,新星出版社 2005 年版。

[26] [美] 小詹姆斯·R. 斯托纳:《普通法与自由主义理论——柯克、霍布斯及美国宪政主义诸源头》,姚中秋译,北京大学出版社 2005 年版。

[27] [美] 斯科特·戈登:《控制国家——西方宪政的历史》,应奇等译,江苏人民出版社 2001 年版。

[28] [美] T. 巴顿·卡特:《大众传播法概要》,黄列译,中国社会科学出版社 1997 年版。

[29] [英] T. R. S. 艾伦:《法律、自由与正义——英国宪政的法律基础》,成中协等译,法律出版社 2006 年版。

［30］［美］唐纳德·M. 吉尔摩等：《美国大众传播法：判例分析》，梁宁等译，清华大学出版社2002年版。

［31］［德］乌尔里希·贝克：《风险社会》，吴英姿、孙淑敏译，南京大学出版社2004年版。

［32］［美］亚历山大·米克尔约翰：《表达自由的法律限度》，侯健译，贵州人民出版社2003年版。

［33］［古希腊］亚里士多德：《政治学》，吴寿彭译，商务印书馆1965年版。

［34］［古希腊］亚里士多德：《尼各马科伦理学》，苗力田译，中国人民大学出版社2003年版。

［35］［英］以赛亚·伯林：《自由论》，胡传胜译，译林出版社2011年版。

［36］［英］泽格蒙特·鲍曼：《自由》，杨光、蒋焕新译，吉林人民出版社2005年版。

［37］［日］佐藤慎一：《近代中国的知识分子与文明》，刘岳兵译，江苏人民出版社2008年版。

四、英文文献

［1］C. R. Eisendrath. "Press Freedom in France: Private Ownership and State Controls". In Jain Leftwich Curry & Jane R. Dassin (ed.), *Press Control Around the World*. Praeger, 1982.

［2］GaryLawson. "Delegation and the Constitution, Regulation", *Regulation*, Vol. 22 (1999), No. 2, p. 23.

［3］Jansen. Sue Curry. *Censorship: the Knot That Binds Power and Knowledge*. London: Oxford University Press, 1988.

［4］Jeffrey E. Shuren. The Modern Regulatory Administrative State: A Response to Changing Circumstances. 38*Harvard Journal on Legislation*, 318

(2001).

[5] Matthew Diller. The Revolution in Welfare Administration: Rules, Discretion, and Entrepreneurial Government. 75 *New York University Law Review*, 1121-1220 (2000).

[6] Mathew D. McCubbins. Abdicationor Delegation? Congress, the Bureaucracy, and the Delegation Dilemma. *Regulation*, Vol. 22 (1999), No. 2, p. 31.

[7] Perry Keller. The Media in Britain, Institution, Policies and laws. *UK: The British Council.*

[8] Philip Selznick. Law, Society and Industrial Justice. *New Brunswick: Transaction Books*, 1969.

[9] Philip Selznick. Legal Institutions and Social Controls. *Vanderbilt Law Review*, Vol. 17 (1963).

后　记

拙作是我关注传媒法制建设20年的小结性著作。既然是20年的总结，就必然是自我期许最高者。书出得多了，心也麻木了，人也懈怠了，但拙作不说是逐字打磨的，也至少是沉潜往复的结果，是有一点个人“思想”（多么沉重的字眼）的成果。

有人说过，稍有智识者皆知——我们需要改变，甚至皆知——应该改向哪里。可是唯独莫知，改变如何发生，历史的契机究竟在何处何时。于此，拙作希望能够给持有这种看法的人以初步的回应。如果这一目的达到了的话，这就是它的内容能被称为“思想”的地方！也是我的自得之处！

因为拙作的写作时间跨度大，而现实总在变动之中，故书中的一些资料可能陈旧，表述可能并非字字妥帖，但是，其中的道理却已稳如泰山。因为这些道理亘古就有。学术研究就是发现或者重复亘古就有的真理。将近2380年前，商鞅变法时就有“立木为信”的举措。商鞅变法的法令已经准备就绪，但没有公布。他担心百姓不相信自己，就在国都集市的南门外竖起一根三丈高的木头，并颁布告示：有谁能把这根木条搬到集市北门，就给他十两黄金（黄铜）。百姓们感到奇怪，没有人敢来搬动。商鞅又出示布告说："有能搬动的给他五十两金。"有个人壮着胆子把木头搬到了集市北门，商鞅立刻命令给他五十两黄金。这大概就是最早为立法而"造事"的案例吧，迹近于拙作之所言"因事成制"路径。

我在写作过程中，既谨慎，又酣畅。谨慎，是因为要追求学术表达的严谨，以及顾及其他众知的因素，这样，免不了要掉书袋，要反复删改概念与内容；酣畅，是因为胸中有一股"元气"，有一种"寄托"在，这样，写作起来挥洒有致，一些段落和文字沾了感情，有了生命。一些材料伴随了我十几年（从文中注释可知，最早获知的一些网上资料是在14年前），老在我的眼前晃悠；新读到的一些书籍、论文中材料，也常常萦回脑海。就这样，新旧碰撞，思想激荡，再形之于笔端，变为通畅而有质感的文字。写作的长途中，如果写到书中某处，觉得观点立得住，文字有理趣，心里立刻就有一种旭日临窗、和风拂面的感觉。此时，也就管不得它有没有"致用"的价值了，或者说，它能不能够被拿去一用，已经与我无关了。如此反复，拙作终于成为一个独立的存在。20年里，电脑中储存的有关文件夹，书房里被凌乱折叠页面的各种书籍，此刻都可以归整到一个暂时不需要想起来的角落里。因为，自认为，这所有的材料都被我有条理、有逻辑地串连到一起了。

还要说明的是，拙作第四章第一节中的70%的内容（约9000字）与拙著《新闻传播制度研究》（岳麓书社2002年版）第一章第一、二节的内容有重复，本章第二节中近三分之一的文字（约8000字）已见诸拙著《中国传媒法制的变革空间》（湖南教育出版社2006年版）第二章第四节。因为这些内容是拙作核心观点之得出的路径参照，也是其依归，即，它们是全书的研究基础，也是我十多年来中国传媒法制建设的思考基础，所以不得已而重复之。为此，敬请读者谅解，也深表歉意。虽然两本书都没有大量上架销售，但在新闻学圈内仍多有传阅（特别是第一本书已成为多所大学传媒法制方向研究生的指定参考书）。对于它们可能影响这些老读者的阅读的担忧，就一直成为我写作拙作时的一种心理状态。不过聊以自慰的是，它们毕竟还不是依旧照搬，而是有所发展或变化，比如，对它们的观照角度和梳理方法就完全不同于旧作，而接下来的阐述部分则更是另有洞天。

在此前的研究过程中，我与法学前贤和同辈神交多多，学到的知识和方法也多多，这些法学学者的视野、理路以及文笔诸方面，都是我仰慕的对象。一时间我只爱读法学家的论文和著作。这些法学家有：博登海默、德沃金、波斯纳、伯尔曼、桑斯坦、邓正来、朱苏力、梁治平、季卫东、张文显、公丕祥、许章润、林来梵、刘星、舒国滢、冯象、陈瑞华、强世功等。我对法学知识从一无所知到初窥堂奥，都有赖于这些学者的精妙论著的滋养。拙作如果还只是“在法学的边缘”“痴人尽说外行话”，则只能怪本人愚笨，责任是摊不到书中被征引的或启发我的这些法学名家身上的。

致敬湖南省社科规划办以及“部校共建新闻学院”的正确举措；承蒙湖南师范大学法学院院长肖北庚教授的不弃；感谢我的高中同窗、法学精英蒋新苗教授、郑远民教授的关爱；铭记虽然不做法学研究、但身处法学院科研办多年的我的爱人李桂群为我提供各种法学研究信息与动态。

拙作中的导论第一节、第四章第二节内容是与我曾经指导的研究生杨一欣、尹熙合作的，也致谢意。

感谢香港《二十一世纪》《现代传播》《湖南师范大学社会科

学学报》《时代法学》《当代传播》《今传媒》《新闻学论集》（人大新闻与社会发展研究中心主办）等学术刊物先期发表了拙作的部分章节。

一个航程结束，意味着即将开启新的航程。归航即远航。青壮年时代献给了难开繁花的法律树，知天命之年再也不敢遥想在20年以后的岛屿上布满蟠桃果。乘兴而去，兴尽而返吧。

2018年4月13日于长沙市岳麓山东南麓三新肆意巢